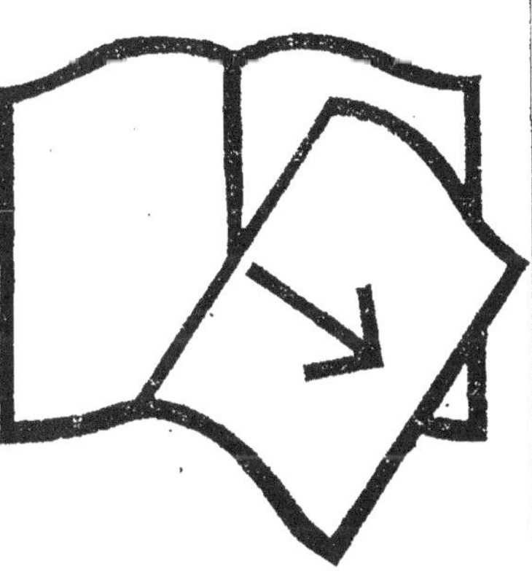

Couverture inférieure manquante

Début d'une série de documents en couleur

LES

CORRESPONDANTS DE L'ABBÉ NICAISE

I

UN DIPLOMATE ÉRUDIT AU XVIIe SIÈCLE

ÉZÉCHIEL SPANHEIM

LETTRES INÉDITES

(1681-1701)

PUBLIÉES AVEC AVERTISSEMENT ET NOTES

PAR

ÉMILE DU BOYS

PARIS
ALPHONSE PICARD, ÉDITEUR
RUE BONAPARTE, 82.

1889

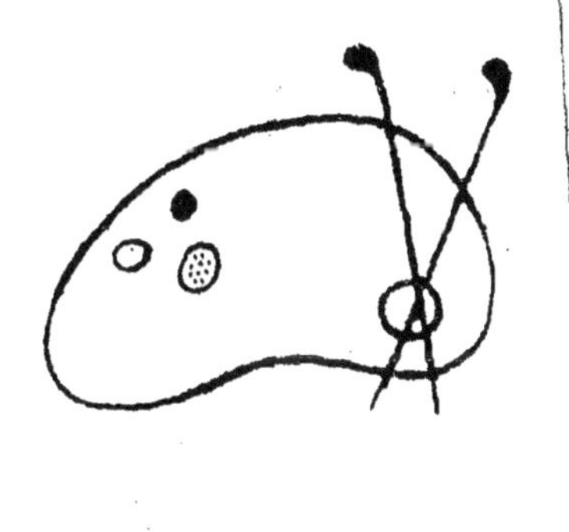

Fin d'une série de documents
en couleur

A Monsieur Delisle
Membre de l'Institut
Administrateur général de la Bibliothèque nationale
Très respectueux hommage
Emile Du Boys

LES

CORRESPONDANTS DE L'ABBÉ NICAISE

I

ÉZÉCHIEL SPANHEIM

LES

CORRESPONDANTS DE L'ABBÉ NICAISE

I

UN DIPLOMATE ÉRUDIT AU XVIIe SIÈCLE

ÉZÉCHIEL SPANHEIM

LETTRES INÉDITES

(1681-1701)

PUBLIÉES AVEC AVERTISSEMENT ET NOTES

PAR

ÉMILE DU BOYS

PARIS
ALPHONSE PICARD, ÉDITEUR
RUE BONAPARTE, 82.

1889

LES

CORRESPONDANTS DE L'ABBÉ NICAISE

I

EZÉCHIEL SPANHEIM

(1629-1710)

AVERTISSEMENT

Au premier rang des représentants des puissances étrangères accrédités auprès de la majestueuse cour de Louis XIV, nous rencontrons un homme qui fut à la fois un diplomate de grand mérite et un érudit bien supérieur au personnage politique : nous voulons parler d'*Ezéchiel Spanheim,* qui fut, à plusieurs reprises pendant une vingtaine d'années (1680-1700), envoyé extraordinaire de *Brandebourg* en France.

Dans l'*Introduction* si savante et rédigée avec tant de clarté, d'après les riches *Archives royales* de Berlin, que M. *Schefer* a mise en tête de son édition de la *Relation de la cour de France en 1690,* ces mémoires si intéressants sur la cour de Louis XIV dus au diplomate allemand, édition publiée en 1882 pour la *Société de l'Histoire de France,* l'érudit membre de l'Institut a fait connaître dans Spanheim l'homme politique surtout et établi, de la façon la plus précise, les diverses missions de l'envoyé du grand Electeur à la cour de France, d'avril 1680 (le traité de Saint-Germain avait été signé l'année précédente, 29 juin 1679), à 1701 : il avait présenté pour la *quatrième* fois ses lettres de créance à Louis XIV à Versailles le 18 février 1698. M. Schefer rappelle à ce sujet le n° XIII de 1698 de la *Gazette d'Amsterdam* qui disait : « Le retour de M. Spanheim en cette cour [de France] y a donné beaucoup de joie et en particulier aux gens de lettres, à cause de l'estime générale qu'il y a ci-devant acquise. »

Pendant ces diverses missions en France, Spanheim, que la politique et la diplomatie étaient loin d'absorber tout entier et qui, au contraire, était, par ses goûts et par ses fortes études faites sous des maîtres illustres, nous avons nommé *Heinsius* et *Saumaise*, plus porté au culte des Lettres et surtout de l'érudition, de la recherche savante et de la numismatique, se lia d'étroite amitié, au sein des réunions littéraires qui se tenaient chez le *duc d'Aumont*, et dont il a tracé un si attachant tableau dans sa *Relation*, p. 134-137, avec les érudits, les archéologues et les numismates les plus distingués de notre pays, parmi lesquels quelques-uns lui étaient déjà connus depuis son voyage d'Italie en 1665 et sa fréquentation de l'entourage savant de la reine *Christine de Suède*, nous citerons notamment le docte chanoine de la Sainte-Chapelle de Dijon, *l'abbé Nicaise*, 1623-1701, à qui les *œuvres* ont pu manquer, mais qui a été incontestablement un savant antiquaire et dont la correspondance conservée, comme on sait, à la Bibliothèque Nationale sous les n°s 9359 à 63 du *fonds français*, est si précieuse pour l'histoire littéraire du XVIIe siècle. Ce sont précisément les lettres toutes autographes qu'adressa à ce savant abbé le diplomate érudit allemand que nous publions aujourd'hui, commençant par notre petite publication une galerie des *correspondants de l'abbé Nicaise*. Nous ne saurions aller plus loin, après avoir écrit le nom de l'abbé Nicaise, sans rappeler l'*introduction* si savante et si intéressante sur l'abbé *Nicaise et sa correspondance*, que M. Caillemer a mise en tête de son ouvrage si plein de faits : *Lettres de divers savants à l'abbé Claude Nicaise*, publiés pour l'*Académie des sciences, belles-lettres et arts de Lyon*, Lyon, 1885.

Avant d'aborder notre correspondance, nous croyons devoir donner un aperçu du diplomate érudit, aperçu qui ne saurait avoir d'autre prétention que d'être un simple compte rendu bibliographique des publications consacrées à Spanheim.

Ézéchiel Spanheim naquit le 7 décembre 1629, à Genève, de Frédéric Spanheim, qui fut plus tard professeur à l'Université de Leyde, et d'une *Française, Catherine du Port*. C'est dans cette célèbre université, qui a jeté au XVIIe siècle un si grand éclat, que sous la savante direction de maîtres dont les noms sont inscrits en lettres d'or dans les Annales de l'érudition, Heinsius et Saumaise, le jeune Spanheim, nous l'avons rappelé, reçut cette instruction solide dont il devait se montrer digne plus tard par de savants travaux dont un notamment a mérité ce mot bien juste de la *Nouvelle Biographie générale*, répété de Niceron : « Cet ouvrage est un trésor d'érudition. »

Les relations et les travaux littéraires du savant diplomate étaient tellement répandus et tellement nombreux qu'il est presque impossible d'ouvrir un ouvrage, correspondance ou étude, sur les érudits du XVIIe siècle, sans y trouver souvent répété le nom de celui que *Christine* de Suède, cette savante reine, une des plus intéressantes figures du grand siècle, honorait d'une distinction toute particulière.

Comme l'a fort bien rappelé M. Schefer dans son introduction, des notices ont été consacrées à notre érudit par

Bayle, Chaufepié, Jean Leclerc, Niceron et Moréri. La notice de Leclerc, une des plus intéressantes sans contredit et la plus complète, est contenue dans le tome XXII, p. 174-199, de la *Bibliothèque choisie*, un de ces ouvrages du grand critique si précieux pour l'histoire littéraire du XVIIe siècle.

Nous croyons devoir reproduire le passage de la notice de Leclerc où ce charmant et si savant auteur raconte, d'après Spanheim lui-même, son voyage en Italie :

M. Spanheim avoit toûjours eu une passion extraordinaire pour ce qui regarde les antiquitez. Cela fit qu'il accepta avec plaisir la commission qu'il eut, quelque temps après, de l'Electeur d'aller voyager en Italie. J'ai vu un petit Ecrit, corrigé de sa main, où l'on trouve les raisons de ce voyage, et dont je mettrai ici la substance. Il témoigne donc « que « l'Electeur Palatin l'envoya au mois de mai en 1661, en « Italie, pour renouveller les habitudes, que sa maison avoit « eues avant la guerre de Bohême, avec les princes d'Italie ; « pour s'informer du cérémonial et des autres singularitez de « leurs cours ; et pour faire ensuite quelque séjour à Rome, « afin de s'instruire à fonds des intérêts des Puissances catho- « liques dans cette cour, et en particulier de ceux des Elec- « teurs et des Princes ecclésiastiques d'Allemagne : que pour « cela il fut chargé de Lettres de l'Electeur, et de commis- « sions de sa part pour les cours d'Italie et même pour celle « d'Inspruk par où il devoit passer et où l'Archiduc Ferdinand « faisoit son séjour.....

« Etant ensuite allé à Rome, continue-t-il, j'y rendis les « Lettres de ce Prince [l'Electeur] à la Reine *Christine de* « *Suède*, et à quelques cardinaux, comme au cardinal *François* « *Barberin,* doyen, au cardinal *Chigi,* neveu du Pape d'alors, « Alexandre VII, et au cardinal *Palavicini,* qui a composé « l'histoire du Concile de Trente. J'avois l'honneur de voir « la Reine toutes les semaines et ce fut elle qui donna lieu à « la première édition de mon ouvrage sur les médailles qui y « fut imprimé, avant mon départ de Rome, et qui lui fut « dédié.

« Je passai de Rome à Naples, et de là en Sicile... Après « quelque séjour à Florence, à Venise et à Milan, je retournai « au mois d'avril en 1665 à Heidelberg. »

Leclerc continue sa notice par le passage suivant que nous tenons d'autant plus à reproduire qu'il fait vivement désirer de savoir ce qu'est devenue la correspondance dont il y parle :

M. *Spanheim,* dès avant le mariage de Madame l'Electrice de Brunswick, avoit eu un commerce de Lettres avec cette grande Princesse (1). J'apprends que ce commerce a toûjours duré depuis ; et qu'elle a eu soin de garder ses Lettres ; qui sont sans doute un thrésor pour les affaires du tems, surtout à l'égard de celles d'Allemagne, où il a été employé plus de quarante ans, et de ce qui est arrivé en France pendant ses ambassades de Paris. J'aurois pû en avoir la communication par la générosité de S. A. Electorale ; qui n'a rien de réservé lorsqu'il s'agit de l'honneur de ceux, pour qui elle a eu de la bonté, comme pour M. le *Baron de Spanheim.* Mais comme je n'entreprenois pas ici une vie de ce grand Homme, qui demanderoit un volume a part, je n'ai pas crû qu'elles me fussent nécessaires. »

Leclerc ensuite, pour avoir le droit de nous dire tout à l'heure, p. 185, que « Mr Spanheim ne savoit pas seulement du grec et du latin, mais savoit écrire joliment en vers et en prose dans sa langue maternelle », cite un fragment d'une pièce de vers sur l'église Saint-Pierre de Rome du diplomate érudit contenue dans une lettre sur son voyage d'Italie :

« J'ai entre les mains, dit Leclerc, une fort ingénieuse lettre sur son voyage d'Italie, écrite en vers et en prose, où il

(1) *Sophie* de Hanovre, princesse palatine, qui épousa le 17 octobre 1658 (*Nouv. Biogr. gén.*) Ernest-Auguste, 16e duc de Brunswich-Lunebourg et premier électeur de Hanovre.

rend compte à S. A. E. de la manière dont il avoit été reçu en ce païs-là. Je ne puis pas l'insérer ici, mais j'en mettrai quelques vers sur l'Eglise Saint-Pierre de Rome, qui sont fort bien tournez :

Qui seroit si peu raisonnable,
De n'avouër pas de bon cœur,
Qu'assurément pour un pêcheur
La demeure est assez passable ?
Que sa barque n'est plus cette barque chétive,
Seule, misérable, craintive,
Qui demeurant près de la rive,
N'osoit voguer en pleine mer ;
Mais qu'à present qu'elle brave l'orage,
Qu'au travers des écueils sans crainte de naufrage
Des esclaves la tirent à force de ramer,
Que ses filets dorez, sa charge glorieuse,
Et le timon en bonne main
Font une pêche plus heureuse
Près du Tibre que du Jourdain. »

Spanheim, dans les années suivantes, fut employé en diverses missions par l'Electeur Palatin, avant d'être envoyé extraordinaire de Brandebourg en France, où il arriva, comme nous l'avons dit, en cette qualité en 1680.

Après son rappel définitif en 1701, il fut envoyé presque immédiatement à Londres. Il perdit sa femme à Chelsea en 1707, et trois ans plus tard la suivit au tombeau, en 1710. Il fut enseveli, à côté d'elle, à Westminster.

Spanheim laissait une très belle bibliothèque, que S. A. Electorale lui avait achetée de son vivant, nous apprend Leclerc, en lui en laissant l'usage. Cette bibliothèque constitue aujourd'hui un fonds de la *Bibliothèque Royale* de Berlin.

M. Tamizey de Larroque a publié une longue lettre de *Chapelain* à Spanheim, du 6 avril 1659 : *à M. Spanheim, gouverneur du jeune prince palatin à Heidelberg.*

Dans son ouvrage mentionné plus haut, M. Caillemer a publié *cinq* lettres des plus intéressantes de l'érudit allemand adressées aussi à Nicaise, comme le dit d'ailleurs le titre du volume.

Les lettres qu'on va lire nous montrent dans Spanheim l'érudit donnant libre cours à ses goûts, laissant aller sa plume, comme quelqu'un qui sent que le terrain ne trahira pas sa course. Nous assistons à l'élaboration de ses savants travaux, aux péripéties de leur publication ou de leur réimpression, car plusieurs avaient paru avant l'époque où commence notre correspondance, notamment le plus important, les *Dissertationes de Præstantia et usu numismatum antiquorum*. Il se confie à cœur ouvert à son correspondant dijonnais, et dans le cours de ses pérégrinations érudites lui fait part des nouvelles littéraires qu'il a pu apprendre, sans négliger parfois les faits politiques et diplomatiques dont il peut l'entretenir, et de ses impressions personnelles sur les ouvrages des érudits ses contemporains. Mais nous avons hâte de laisser la parole, après avoir même trop tardé à le faire, au savant envoyé de Brandebourg.

Emile Du Boys.

I

(F. Fr. 9359, pièce 83)

A Paris, le 31 janvier 1681.

Monsieur,

Je suis redevable à Monsieur Spon (1) de plusieurs biens à la fois ; comme du présent de son livre, de l'honneur de son souvenir, et de celuy qu'il m'a procuré de votre part. Vous me ferez bien la justice de croire que je suis d'autant plus sensible à ce dernier ; qu'il me repare en quelque sorte la perte d'un avantage, dont mon départ de Rome m'avoit privé, il y a bien des années, à ce que j'aprens par votre lettre. Souffrez donc, Monsieur, que je m'en racquitte à l'avenir avec joye ; et même que je m'en tienne dautant plus assuré, que les offres obligeantes que vous me faites ont esté à l'épreuve du temps, et ont prévenu les marques de ma reconnoissance. Elle n'en est pas moins entière ni moins sincère, et je reputerois à un bonheur particulier, que ce voisinage et ce séjour me fournissent quelque agréable occasion de vous le persuader. C'est à dire qui fut plus importante, que de vous entretenir de mes bagatelles, dont il vous plaist de parler aussi avantageusement. Je n'ay jamais eu aucun dessein imaginable d'entrer en lice avec le P. Simon (2), n'en ayant ni le loisir, ni la

(1) *Jacob Spon*, ce savant médecin de Lyon (1647-1685), correspondant de son collègue Charles Patin, comme son père, Charles Spon, l'avait été de Gui Patin. Il s'agit probablement de l'*Histoire de Genève* que Spon venait de publier en 1680, 2 vol. in-12.

On sait que la *Correspondance* importante de Jacob *Spon* et de son père *Charles* avec les érudits contemporains est conservée à la bibliothèque de Lyon. Nous désirons vivement qu'elle trouve un éditeur prochainement.

(2) Voy. au sujet de *Richard Simon* (1638-1712) la Bibliographie très complète des œuvres nombreuses de polémique et de contro-

capacité, et d'autres occupations m'ayant fait discontinuer depuis longues années les études qui y ont quelque rapport, et pour lesquelles j'avois eu quelque attachement dans un âge peu avancé. La lettre que led. Père m'attribüe, ne fut faite que sur une veüe passagère de son livre, en peu de jours, et avec le seul but d'en donner quelque idée générale à un mien frère, qui m'en demandoit instamment des nouvelles (1). Le bon Père n'a pas laissé de prendre ma civilité et mon desseiu de travers, et d'y faire une réponse qui s'en prend directement à moy (2), sans cependant toucher presque rien de ce qu'on luy objecte, et qui s'attache seulement à donner un nouveau plan de sa cri-

verse de l'oratorien militant, due à M. *Bernus*, dans le savant *Essai de Bibliographie oratorienne* du R. P. Ingold. Paris, Poussielgue, 1882.

Un compte rendu très étendu et très complet de cette bibliographie a été donné par M. le baron Ernouf dans le *Bulletin du Bibliophile*, 1883, p. 49-70.

Voy. aussi le portrait si bien tracé de Richard Simon par M. le prince Emmanuel de Broglie dans son récent et si intéressant ouvrage : *Mabillon et la Société de l'abbaye de Saint-Germain-des-Prés à la fin du* XVII*e siècle.* Paris, Plon, 1888, t. I, p. 100-101.

(1) Dans le paragraphe de la Bibliographie mentionnée de M. Bernus relatif à la polémique au sujet du *Vieux Testament*, nous relevons : II. Polémique avec Ezéchiel Spanheim. 17° *Lettre à un amy où l'on rend compte d'un livre qui a pour titre* Histoire critique du Vieux Testament, publié à Paris en 1678. A Amsterdam, chez Daniel Elzévier, 1679, in-12. 1 f. 213 (et 3) pp.

Cette lettre, ajoute M. Bernus, a été attribuée à tort quelquefois au frère cadet de l'auteur *Frédéric Spanheim*, professeur en théologie à Lyon.

Les termes de la lettre d'Ezéchiel que nous publions confirment cette assertion.

(2) *Bibliographie Bernus*, *ibid.*, 18° : Réponse à la lettre de M. Spanheim, ou lettre d'un théologien de la Faculté de Paris qui rend compte à un de ses amis de l'Histoire critique du Vieux Testament, attribuée au Père Simon de l'Oratoire. A Amsterdam, chez Daniel Elzevier, 1680.

On voit que la réponse de Simon est des premiers jours de l'année 1680.

tique. Elle paroist maintenant au jour, à ce que j'aprens, de l'édition de Hollande, et le public peut estre maintenant le juge, si les préjugés qu'on a donnés de cet ouvrage sont bien ou mal fondés. Après tout il auroit déjà paru une réplique à sa réponse, si les libraires de ces quartiers n'eussent fait scrupule d'oser rien imprimer sur cette matiere. Je travaille à présent aux heures de relâche à donner une nouvelle édition de la version françoise des Césars de l'empereur Julien, avec des Remarques, qui auront quelque mélange d'Histoire, de critique et de Médailles (1). Mais vous voyez jusques où m'emporte déjà la confiance que j'ay en l'honneur de vostre amitié. Nostre illustre Mr de la Mare (2) contribuera, comme jespere, à me la conserver. Je suis,

Monsieur,

Vostre tres humble et tres obeissant serviteur,

DE SPANHEIM.

A Monsieur,
Monsieur Nicaise,
Chanoine de la Ste Chapelle,
a Dijon.

(1) Cette nouvelle édition parut en 1683 à Paris, in-4; la première avait paru à Heidelberg en 1660, in-8.

(2) L'érudit dijonnais *Philibert de la Mare*, né le 13 décembre 1615, mort le 16 mai 1687, conseiller au Parlement de Bourgogne.

Philibert de La Mare avait composé une *Vie de Saumaise* qui est restée manuscrite et conservée avec les nombreux matériaux réunis pour elle par le savant magistrat dans les vol. 17712, 17713 et 18350 du *Nouveau fonds* (*a*) *latin* (Bouhier) à la Bibliothèque Nationale.

Nous verrons, dans la suite de notre correspondance, que Spanheim s'informe à chaque instant si cette *Vie* va être publiée, et manifeste son vif désir de la voir paraître.

(*a*) Le 18350 avec annotations de Fr. Oudin.

II

(9359, pièce 84)

A Paris, le 13 may 1683.

Monsieur,

La présente ne servira que pour adresse à ces quatre exemplaires de mon livre des Césars de Julien, un pour vous, Monsieur, et les trois autres pour Messieurs de la Mare, Lantin (1) et Spon, que vous aurez la bonté, s'il vous plaist, de leur faire tenir. J'ay crû, Monsieur, que vous me permettriez d'en user aussi librement que je fais. Je ne vous demande point du suport pour mon ouvrage. Je sçay que vous aurez au moins la bonté de le recevoir, comme une faible marque de mon estime, et de ma reconnoissance particuliere de toutes vos bontés envers moi. J'espere en peu de semaines d'avoir occasion de vous le témoigner de bouche, à la suite de la Cour. Je me fais déja un plaisir extrême de vous rendre mes devoirs par cette occasion, et à ces autres illustres amis de votre ville ce qui me dispense de les importuner de mes lettres avec mon livre. Je suis,

Monsieur,

Vostre tres humble et tres reconnoissant serviteur,

DE SPANHEIM.

Même adresse. (Nous le disons une fois pour toutes.)

(1) *Jean-Baptiste Lantin*, savant conseiller au Parlement de Bourgogne, né en 1620 (*a*), « qui, dit M. Jacquet dans son intéressante thèse de doctorat (*La Vie littéraire dans une ville de province sous Louis XIV*, étude sur la société dijonnaise pendant la

(*a*) La *Nouvelle Biographie générale* dit « *à Dijon* » et M. Jacquet, p. 134, note 1 « *à Châlons* ».

III

(F. Fr. 9359, pièce 85)

A Paris, le 29 nov. 1683.

Monsieur,

Je ne prétens pas m'aquitter avec la presente de ce que je dois à la faveur de vos dernieres, dont je vous rend mille graces. Je le dois faire avec plus de loisir, qu'il ne m'en reste presentement. Cellecy, Monsieur, avec votre permission n'aura pour but principal que de vous recommander une bonne et promte adresse de la cy-jointe pour M. de Saumaise. C'est au sujet d'une commission pour Berlin, dont

seconde moitié du XVIIe siècle, Paris, Garnier, 1886, p. XI, introduction), ne nous occuperait guère, s'il n'avait fait que traduire en vers latins les *Éléments* d'Euclide, mais qui, dans ses nombreux voyages à travers le monde et les livres, avait beaucoup vu, beaucoup retenu ».

On sait que son collègue au même Parlement et son collègue aussi en érudition, le conseiller *Legouz*, le *La Bruyère* dijonnais, fit un recueil intitulé *Lantiniana*.

La *Nouvelle Biographie générale* ne donne pas la date de la mort de Lantin, mais elle est indiquée au 4 mars 1695 par M. Caillemer (op. cit.), p. 43, note 2. Cette date est confirmée par une lettre autographe que nous allons publier au premier jour, de Bernard *de La Monnoye à Thoynard*, l'érudit orléanais, *Correspondance de Thoynard*, Bibl. Nat., *Nouv. Acquisitions françaises*, vol. 562 f. Lettre du 12 mars 1695, datée de Dijon ; La Monnoye dit : « Vendredi 4 de ce mois nous perdîmes en la personne de M. Lantin tout ce qu'il y avoit de véritable érudition à Dijon. Une chose que j'aimois fort en lui et qui étoit une bonne marque de son discernement est qu'il vous estimoit beaucoup... »

De La Mare et Lantin furent légataires des manuscrits du grand Saumaise. Voyez les détails si intéressants et donnés avec cette incomparable érudition par l'illustre administrateur général de la Bibliothèque Nationale, M. Léopold Delisle, dans le *Cabinet des Manuscrits*, t. I, p. 361-364, sur les *manuscrits de De La Mare*.

il s'est bien voulu charger, et sur quoy il attend ma réponse. J'avois eu une adresse à luy écrire par un Procureur de Dijon, mais dont le nom m'est échappé. Voilà, Monsieur, une importunité qui vous en revient et dont j'ay beaucoup de confusion. S'il ne s'y agissoit de quelque service de S. A. E. je n'en userois pas si librement. Il ne tiendra qu'à vous d'en tirer votre revanche. J'ay fait délivrer votre dernière lettre au P. la Chaize. Je saurai à la premiere occasion par M. du Court (1) à quoy on se déterminera pour l'édition des ouvrages Botaniques de feu M. de Saumaise (2). Je suis bien aise que Mr de la Mare nous don-

(1) *Charles Caton de Court* (Spanheim dit *du* Court), né à Pont-de-Vaux (Ain) en 1654, mort le *6* août 1694 suivant M. Caillemer, op. cit., et le *16* suivant la *Nouvelle Biographie générale*. Il y a peut-être quelque part une erreur d'impression. Il est plusieurs fois question de de Court dans les *Lettres de divers savants à l'abbé Claude Nicaise*. Voici notamment ce que dit *Grævius* à Nicaise (Caillemer, p. 170), lettre d'Utrecht, VIII decemb. CIↃ IↃC XCIV : « Curtii vestri immatura mors mihi quoque perquam luctuosa fuit, cujus ingenium tam multa et præclara minabatur. »

Nous publierons de de Court, dans le fascicule que nous lui consacrerons, des lettres conservées dans la *Correspondance Nicaise* à la Bibliothèque Nationale, f. f[r]. vol. 9360, f. 60 à 66.

(2) Il s'agit des *Plinianæ Exercitationes* dont la première édition avait paru en 1629, à Paris, *Drouart*, in-fol., 2 vol. La seconde édition parut en 1689 à Utrecht, chez Jean Wandewater, in-fol., 2 vol. (v. Papillon, *Bibliothèque des auteurs de Bourgogne*, t. II, p. 258, 11). La France protestante dit : « 1629, *Cl. Morellus.* »

Notons l'intempestive interversion, à ce sujet, du *Tresor des livres rares de Graesse* qui, après avoir parlé de l'édition de Wandewater, en *1689*, signale une *réimpression en 1629* chez *Drouart*, à Paris.

Nous croyons, au sujet des *Plinianae Exercitationes*, devoir reproduire la savante et très intéressante note de Papillon, *Bibliothèque des auteurs de Bourgogne*, t. II, p. 258, 11 :

« On a joint, dit Papillon, à cette édition [celle de *Wandewater*] l'ouvrage de Saumaise intitulé : *De Homonymis Hiles, Iatricæ Exercitationes ante hac ineditæ, necnon de manna et sacchāro*. Cette édition, qui est très belle, fut faite par les soins de Sam. Pitiscus, lequel inséra en leur place les additions de la première édition,

nera bientost sa Vie (1), et qu'elle sera accompagnée de quelques fragmens de ce grand homme. Mais quand verrons nous sa Milice romaine (2), et il me semble que le scrupule de langage ne devroit pas en priver le public? C'est

vérifia plusieurs citations, divisa en chapitres le commentaire de *Saumaise* sur Solin, mit des sommaires à la tête de l'*Index*, et fit une préface. Outre les *Exercitationes de Homonymis*, etc., on trouve les Prolégomènes du savant Jean-Baptiste Lantin, conseiller au Parlement de Dijon, sur ces traités. On lit ensuite ceux de *Saumaise* sur le même ouvrage: *Salmasii de Manna Commentarius*, etc. Dès 1668, MM. de la Mare et Lantin avoient fait imprimer à Dijon, chez la veuve Chavance, *in-folio minori*, la Préface de *Saumaise* sur le livre *de Homonymis Hiles Iatricæ*, et son *jugement sur Pline*. On a eu tort de retrancher cette Préface dans l'édition de 1689. On trouve un extrait de cet ouvrage de *Saumaise* dans l'*Histoire des ouvrages des Scavans*, par Basnage, février 1689, p. 545, et dans les *Nouvelles de la République des Lettres*, mars 1689, et avril de la même année, p. 185. Jean Masson, qui traite *Saumaise* assez durement (*Histoire critique de la Rép. des Lettres*, t. XV, p. 209), tombe d'accord que cet ouvrage lui a procuré une réputation immortelle. Boëcler assure (*Bibliotheca curiosa*, p. 614) que Pierre Scrivelius fit un jour ce compliment à *Saumaise*, en l'abordant: *Salve, sal, sol, Solini*, sur quoi Boëcler ajouta ces paroles: *Quod quidam viri docti probare nequeunt, fuit enim Salmasius in reformandis et refringendis scriptoribus confidentior, et, ut verum dicam, audacior. Interim tamen eruditissimum scriptum est.* Isaac Vossius a laissé des notes critiques sur son exemplaire des *Exercitations sur Solin* (v. le catalogue de la Bibliothèque de Leyde, p. 205).

(1) Nous avons vu, p. 10, note 2, que cette *Vie* était restée manuscrite.

(2) Dans l'énumération si complète que fait Papillon (*Bibliothèque des auteurs de Bourgogne*, t. II) des *manuscrits* laissés par *Saumaise*, nous trouvons, p. 272, n° 18, la *Milice Romaine* dont il est ici question: « 18. *Traité de la milice romaine*. C'est une traduction abrégée de son ouvrage latin [paru en 1657] sur la même matière. Il la fit en faveur du prince d'Orange. Elle contient 140 pages *in-folio*. L'original était autrefois chez Louis Saumaise de Saint-Loup, fils de l'auteur. M. Lantin, doyen du Parlement de Bourgogne, en a une copie. Saumaise vouloit faire imprimer cette version comme il paroît par ces paroles: [*Prolegomen ad Lib. de Homonymis Hiles*

aussi l'opinion de M. du Court. Celuy la sera bien obligé à M. Lantin de l'édition du Nicomachus Gerasenus (1) dont vous me parlez, et dailleurs de ses observations sur Laertius (2). Vous aurez vostre bonne part à l'obligation qu'on luy aura de l'édition du premier. Je serois bien aise de savoir si nostre bon ami M. Spon est encore dans le dessein de faire rimprimer le Paruta (3). M. Morel espere que vous aurez reçeu à present les Exemplaires de son Specimen (4). Il est vray qu'on luy fait comprendre que M. Vaillant (5) ne favorise pas son dessein, et voudroit plutost l'empecher. On dit depuis deux jours qu'il doit avoir la garde des Médailles du Roy sous la direction de M. Chapelle qui demeuroit chez M. de Lamoignon. Celles la seront transportées à Versailles, où nostre M. Rainsan est établi dans la maison de M. de Louvoy comme son medecin et celuy des Bastimens. Quelques uns parloient qu'il auroit pû avoir la garde des Médailles.

A l'égard de la nouvelle édition des Numismata de feu M. Seguin, je n'y contribuë rien qu'une Dissertation sur une médaille de Smyrne et qui me donne lieu d'y traitter de *Vesta et Prytanibus Græcorum*. Au reste à l'égard de la

Iatricæ]: *Brevi, ut spero, proditurus.* Elle est louée dans une lettre ms. de Sorbière à M. de la Mare datée du 11 novembre 1661, laquelle j'ai vue chez ce dernier. »

(1) V. ci-après note 1 de la lettre IV.

(2) Au sujet des *Notes sur Diogène Laerce*, qui sont restées manuscrites, Papillon dit (art. *Lantin*) : « Ménage devoit les insérer dans sa belle édition de 1692, mais elle se trouva trop avancée lorsqu'il les reçut. V. *Menagiana*, t. III, p. 359. Edition de 1715. »

(3) La *Sicilia descritta* de *Philippo Paruta* fut réimprimée à Lyon en 1697. Spon était mort depuis 1685.

(4) Le *Specimen universæ rei nummariæ* d'*André Morel*, le savant numismate suisse (1646-1703), venait de paraître cette même année 1683, à Paris, in-8. Nous verrons plus loin une seconde édition en 1695.

(5) *Jean-Foy Vaillant*, numismate, né à Beauvais le 24 mai 1632, mort à Paris le 23 octobre 1706.

nouvelle dont il vous plaist de me féliciter, je vous en rends mille graces, quoy que je n'y voye aucun fondement et que je ne croye pas même que ce soit une affaire sur le tapis. En voyla plus, que je ne croyois vous dire par la présente. Je suis avec passion,

Monsieur,

Vostre tres humble et tres obeissant serviteur,

DE SPANHEIM.

Le livre de M. Cuperus (1) dont votre derniere parle est publié, et j'en attens un exemplaire qui m'est adressé avec d'autres à M. Ménage. On estime fort ce livre en Hollande.

IV

(Pièce 86)

A Paris, le 6 Nov. 1683.

Monsieur,

Vous aurez tout sujet de vous plaindre de mon silence, et du peu de ressentiment que je vous témoigne de l'hon-

(1) Probablement l'ouvrage que *Gisbert Cuper* (1644-1716) fit paraître dans cette même année 1683 : *Apotheosis seu Consecratio Homeri, cum explicatione gemmæ Augustæ*; Amsterdam, 1683, in-4.

Voy. sur le savant critique hollandais ce que dit M. Caillemer et les lettres de lui publiées par le savant doyen de Lyon dans son ouvrage mentionné si souvent.

M. le prince Emmanuel de Broglie, dans son ouvrage cité plus haut, p. , note , fait mention plusieurs fois de *Gisbert Cuper*. « Qu'on jette les yeux, dit M. de Broglie, t. I, p. 131, sur les lettres du Hollandais Cuper, qui laissa *soixante-dix volumes de lettres manuscrites* venant de tous les coins de l'Europe et même du Nouveau-Monde....., et l'on ne pourra qu'être frappé comme nous de ces relations suivies et constantes à travers tous les obstacles de temps et de lieux, entretenues par les esprits les plus divers, à une époque où la poste était si lente, si peu sûre et coûtait si cher ».

neur de vostre souvenir, et de l'estime particuliere que j'en fais. Vostre premiere lettre avec celle pour le Pere la Chaize me fut renduë à Fontainebleau, où je me trouvois à la suite de la Cour, et où je la luy rendis en mains propres dès le lendemain. J'ay reçeu depuis vos suivantes avec celles pour M. Graevius que je luy ay fait tenir. Mais si je me suis aquitté par là de vos ordres, je ne devois pas moins vous en rendre compte plûtost que je ne fais, et que j'aurois fait sans doute sans mes absences presque continuelles à la suite de la cour. Je vous supplie de croire que je n'en suis pas moins sensible à l'honneur de vostre chere amitié, et à tant de preuves obligeantes que j'en ay reçeues et que j'en reçois. Je souhaitterois fort que l'ouvrage de M. de Saumaise sur les Plantes vist en fin le jour dans un lieu ou dans un autre. M. du Court son neveu m'en parla dernièrement à Fontainebleau, et croyoit que sans la mort survenuë de M. Colbert, l'impression s'en seroit faite infailliblement dans l'imprimerie du Louvre. Le P. Hardouin jésuite, qui fait imprimer un nouveau Pline avec des notes, pretend, à ce qu'il m'a dit, de justifier toutes les fautes que M. de Saumaise dans sa preface à cet ouvrage des Plantes (1) ou dans son Solin impute à Pline. Ce qui, a mon avis, n'est pas une entreprise fort aisée. Il pretend d'ailleurs d'avoir corrigé plus de 1600

(1) Nous lisons dans la Dissertation sur les *Sirènes* par l'abbé Nicaise (Paris, 1691), p. 8 : « M. Lantin, conseiller au Parlement de Dijon, qui vient de nous donner sur les Plantes un ouvrage posthume de ce scavant homme [Saumaise], ajouté à la nouvelle édition de Hollande dç son fameux livre *Exercitationes Plinianæ in Solinum*. M. Lantin a mis une Préface de sa façon à cet ouvrage posthume par laquelle il fait connaître son érudition particulière dont il va donner au premier jour des marques encore plus considérables, surtout dans la science des nombres qu'il possède parfaitement ; c'est la traduction latine d'un manuscrit grec de *Pappus Alexandrinus* qui lui est tombé entre les mains, à laquelle il pourra en ajouter une nouvelle de l'arithmétique de *Nicomachus Gerasenus*, avec d'excellentes notes, où il découvrira de très belles choses

passages dans Pline. M. Baluse nous a donné le premier tome d'une nouvelle collection de Conciles ou de pieces qui y appartiennent. Il y en a beaucoup qui regardent la controverse de Cyrille avec Nestorius. Il parle de donner encore 4 autres tomes, et un entre autres qui concernera des actes plus amples du Concile de Basle, avec les pieces memes des Bohemiens et les Réponses. M. Morel vous aura envoyé sans doute son *specimen*, où vous aurez veu quelques explications de médailles qu'il m'avoit demandées. Son dessein merite d'estre applaudi et d'estre aidé, à quoy je ne doute pas que vous ne contribuiez vos bons offices. On rimprime les *Selecta Numismata* de feu M. Seguin, avec diverses additions, et où on a voulu que j'ajoutasse quelques explications, qui les regardent, et qui m'ont donné lieu à une *Diatribe de Vesta et Prytanibus Graecorum* (1) qui s'y trouve jointe, et qui s'imprime. Je vois qu'on y trouvera diverses observations nouvelles sur cette matière.

et très particulières de l'antiquité grecque sur les nombres et sur l'analyse des Anciens ».

Papillon ne mentionne nulle part cette édition du *Nicomachus Gerasenus*, qui ne paraît pas avoir été publiée.

Quant à la traduction de *Pappus* d'Alexandrie, elle figure parmi les *manuscrits* laissés par Lantin.

(1) Nous lisons dans l'ouvrage de M. Caillemer, p. 249, note 3 : « La *diatriba* de Spanheim, *de nummo Symrnæorum seu de Vesta et Prytanibus Græcorum*, publiée en *1672*, comme annexe du Traité des Médailles de Pierre Seguin, fut réimprimée dans le tome V du *Thesaurus* de Grævius. » Nous avons souligné 1672, car on voit d'après les termes de notre lettre que la *Diatriba* n'avait pas encore paru avant novembre *1683*.

De plus, au sujet des *Selecta* de P. Seguin (dont la biographie, omise dans nos grands recueils *Michaud et Didot*, ne figure que dans le vénérable et si utile *Moréri*) le *Trésor des livres rares* de Graesse ne mentionne pas d'édition de *1672*. La Bibliothèque Nationale ne possède que les éditions de 1665 et 1684 mentionnées ainsi par Graesse : Seguinus (Petrus) : *Selecta Numismata* antiqua ex suo musæo ejd. observatt. illustr. Lut. Martin, 1665, in-4, avec fig. (2 sc 206 Gallarini), id. Jombert, 1684, in-4, avec fig. (3 sc. le même).

C'est là tout ce que mes autres occupations me permettent pour le présent. Quand il sera question de rimprimer le Julien, c'est à dire toutes ses œuvres en grec et en latin, je ferai la reflexion que je dois, sur la jonction des livres de Cyrille qui le regardent. Ce que vous me mandez de l'illustre M. Slusius (1) m'est bien avantageux, et c'est luy qui nous peut apprendre de belles choses et qui en a un grand fonds par devers luy. On a veu icy le nouvel Occo (2) de Milan et j'en attens un exemplaire par les libraires, quoy que le prix en passe la portée du livre. Je ne sçay s'il se hastera de nous donner le volume des médailles grecques, sans quoy l'autre demeure imparfait. Je vous demande la continuation des bonnes graces de Messieurs de la Marc et Lantin. Quand verrons nous la belle Vie de M. de Sau-

(1) Le cardinal *Sluse* « bibliophile passionné et expert, dit M. Emmanuel de Broglie (op. cit.), t. I, p. 194, possesseur d'une des plus belles bibliothèques de Rome ».

Dans une lette datée de Rome, 7 août 1685, à Placide Porcheron, publiée par M. Valéry dans son intéressant ouvrage : *Correspondance de Mabillon et de Montfaucon avec l'Italie*, t. I, p. 97, le bénédictin *Michel Germain* dit de cette bibliothèque : « M. Sluse... qui a la plus remplie des bibliothèques que j'aie vues chez un particulier ».

Claude Estiennot (Valéry, t. II, p. 57), écrivant de Rome le 17 juillet 1687 à D. Bulteau, lui annonce la mort de Sluse et dit : « Il y a [dans sa bibliothèque] pour plus de quatre à cinq mille écus de manuscrits et de mémoires de nonciatures, conclaves, vœux consistoriaux et autres affaires qui trouveraient place dans la bibliothèque du Roi et la rempliraient bien ».

Dans une note, M. Valéry, p. 60, rappelle « que le catalogue de la bibliothèque du cardinal Sluse, rédigé par le libraire de Paris, Deseine, établi à Rome, parut dans cette ville, 1690, in-4, sous le titre de *Bibliotheca Slusiana*, etc. ». Elle fut vendue assez médiocrement.

(2) Il s'agit de l'ouvrage important d'Occo (Adolphe III), savant médecin et numismate allemand (1524-1604), intitulé : *Imperatorum Romanorum numismata a Pompejo Magno ad Heraclium*, qui parut en cette même année 1683, in-folio, à Milan, et avait eu déjà deux éditions in-4, Anvers, 1579, et Augsbourg, 1601.

maise du premier, et les Remarques sur Laerce de M. Lantin ? Que fait notre bon ami M. Spon, et a ton commencé la nouvelle édition de la Sicilia de Paruta. Comme c'est un livre sans notes et sans aide pour s'en bien servir, j'y avois fait une autrefois un Indice asses ample des matieres qui y sont contenuës et de tout ce que j'y trouvois de remarquable. Mais je ne les trouve plus parmi mes papiers, et ils doivent estre égarés avec bien d'autres, dans ces continuelles transplantations de lieux, où je suis sujet depuis long temps. Mais en voilà assez pour une fois. Je vous demande pardon du griffonnage, avec lequel je vous écris. Je suis avec vérité,

Monsieur,

Vostre tres humble et tres obeissant serviteur,

DE SPANHEIM.

V

(Pièce 94)

A Paris, le 26 avril 1684.

Monsieur,

Je vous écris la presente sur le point de partir pour Flandre, à la suite du Roy. J'aurois souhaité que la route eust esté vers vos quartiers, comme l'an passé, et qu'elle m'eust procuré l'honneur de vous voir ; ou bien que l'acceptation d'une treve du costé des Espagnols nous eust dispensé de ce voyage (1). Il faut espérer qu'ils s'accommoderont à leur foiblesse et ne voudront pas forcer le Roy à

(1) On sait qu'une trêve de vingt ans fut conclue à Ratisbonne le 15 août 1684, sur la médiation des Provinces-Unies, entre le Roi de France, l'Empereur, l'Empire et le Roi d'Espagne, par laquelle on céda au premier Luxembourg, Chimay, Bouvines, et on le maintint en possession provisionnelle de ses droits de souveraineté sur Strasbourg et les autres villes réunies. (Th. Lavallée, *Hist. des Français*, 16e édit., 1865, t. III, p. 297.)

leur oster toute la Flandre. J'ay d'ailleurs bien de la confusion d'avoir si mal répondu à toutes vos honnêtetés envers moy. Je ne laisse pas d'y estre sensible, comme je dois. Vostre lettre pour Mr Grævius fut adressée par le premier ordinaire, et remise entre les mains du secretaire de l'ambassadeur de Hollande, qui correspond avec luy. Ainsi il ne peust manquer de l'avoir reçeue. En voici une de M. Cuper pour M. Spon que ce premièr m'a adressée, et que j'ose vous recommander avec mes services et salutations tres humbles pour luy. Je suis avec zele,

Monsieur,

Vostre tres humble et tres obeissant serviteur.

DE SPANHEIM.

Je suis bien aise d'aprendre que M. de la Mare nous donnera bien tost la Vie de M. de Saumaise. Le plus qu'il y joindra de ce grand homme sera toujours le meilleur.

VI

(Pièce 95)

A Paris, le 17 d'octobre 1684.

Monsieur,

Vous aurez tous les sujets du monde d'avoir fort méchante opinion de moy, et je n'ay d'autres excuses de mon silence a vous alléguer, que mon voyage passé en Flandre, et celuy à Chambort et en Touraine, l'un et l'autre à la suite de la Cour d'où je ne fais que revenir. Vous saurez même, Monsieur, que je vous escris la présente, la veille d'un plus grand voyage, que je vas faire à Berlin, en suite de la permission, que j'en ay demandée à son Altesse Electorale, dès la conclusion de la Trève, ce dont j'ay eu un plein agrément (1). Plusieurs raisons m'y con-

(1) Leclerc nous dit dans sa notice, sans parler du mariage du

vient, et entre autres la circonstance du mariage du Prince Electoral (1). Ce voyage, veu la distance des lieux, ne sauroit estre moindre de trois mois, j'entens pour l'aller et le retour. Je voudrois, Monsieur, qu'il fust assez heureux pour vous pouvoir rendre quelque agréable service, durant ma route, et y estre honoré de vos ordres. Je les executerois avec la plus grande joye du monde. Votre lettre à M. Grævius luy fut bien adressée, temoin la réponse que j'en ay eu à celle que j'y avois joint et ce qu'il m'en écrit, dont je vous envoye l'extrait. Le livre du P. Hardouin *Nummi populorum et Urbium illustrati* vient de paraître et je le prens avec moy pour le lire en chemin. M. Morel est bien surpris et avec raison que dans tout cet ouvrage, il n'y fasse aucune mention de luy, quoy que ce soit de ses Recueils et Indice des médailles du Roy qu'il luy a communiqué, qu'il l'ait presque tout tiré. Il en use de même à l'égard d'autres ouvrages, dont il s'est servi, et fait luy même le Panégyrique du sien à l'exclusion de tous ceux qui ont écrit sur de pareilles matières, et ne fait pas toujours paroistre de la bonne foy (2). Il a voulu prevenir M. Morel et d'autres, se parer de leurs plumes et s'en attribuer la gloire. Mais il faut laisser un chacun dans son

prince Electoral : « Il [Spanheim] fit néanmoins un voyage à Berlin en *1684* pour se mettre en possession de la charge de ministre d'Etat que le feu Electeur de Brandebourg lui avoit donnée. »

(1) *Frédéric-Guillaume*, qui, à la mort du grand Electeur son père, en 1688, prit le premier le titre de *Roi de Prusse*, sous le nom de Frédéric Ier. Il épousa en effet, en 1684, en secondes noces (il était veuf de *Elisabeth-Henriette de Hesse-Cassel*) cette charmante et savante *Sophie-Charlotte*, sœur de Georges Ier de Hanovre, qui fit, pendant toute sa vie, de la cour de Berlin, le rendez-vous des savants et des artistes.

(2) On sait que le numismate *Vaillant* reprochait aussi au paradoxal mais savant jésuite de lui avoir *filouté* quelques explications sur les médailles. La *Nouvelle Biographie générale* dit avec raison, par la plume savante de M. Villenave, à l'art. Hardouin : « La polémique des savants était alors fort peu polie ».

genre. Quand verrons nous la Vie de M. de Saumaise, et les productions de M. Lantin. Je vous prie de l'assurer et M. de la Mare de mes tres humbles services. Je suis avec vérité,

Monsieur,

Vostre tres humble et tres obeissant serviteur.

DE SPANHEIM.

Je n'ay autre connoissance des livres de M. Grœvius, dont il parle dans sa lettre, sinon qu'ils sont adressés à M. Bigot (1) à Rouën, et qu'il n'y a que 3 ou 4 jours que M. Ménage m'a envoyé l'Exemplaire que M. Grœvius m'avoit destiné.

Comme ma femme et famille restent icy, celles dont vous voudrez m'honorer durant mon voyage peuvent m'estre adressées icy, comme à l'ordinaire.

Extrait de la lettre de Grævius.

D'Utrecht le 12/2 septembre 1684.

De præstantissimi Nicasii, cujus in tanto sum ære, ut si legibus mecum velit experiri, bona mihi sit ejuranda copia, singulari in me studio et officio lœtor ac triumpho.

et dans la suite :

Pluribus eram tecum acturus, et de eodem oleo ad Cl. Nicasium scripturus, sed interveniebat Samuel Puffendorfius qui recens e Suecia hic appellit, secum ferens XXVI libros rerum suecicarum.

et vers la fin :

(1) *Emeric Bigot*, le savant helléniste rouennais (1626-1689). Profitons de l'occasion pour répéter ce que nous avons dit dans la livraison de *juillet-août* 1887 du *Bulletin du Bibliophile*, DEUX LETTRES INÉDITES D'EMERIC BIGOT, « que nous nous occupons de la publication de la *Correspondance* du savant normand, conservée pour la majeure partie, à la Bibliothèque Nationale, dans les vol.

Rogo ut interea meam causam agas apud urbanissimum Nicasium. Proximo nuntio diuturnum silentium expedio ipse. In fasce librorum meorum est alius minor fasciculus quatuor exemplaria harum Epistolarum (ad Atticum) complexus, Sponio inscriptus, in quo est volumen quoque, quod Nicasio dono mitto.

VII

(Pièce 96)

À Paris, le 2 avril 1685.

Monsieur,

J'ay toujours eu dessein de rompre le silence depuis mon retour, il y a 5 ou 6 semaines, de mon voyage de Berlin (1), et de vous demander de vos nouvelles et de l'estat de vostre santé. Mais je ne say comment les distractions continuëlles qui ont suivi mon arrivée m'ont ravi de fois à autre les momens que j'y destinois. Encore a present vous ecris-je celle cy, à la veille de passer en Angleterre pour y faire les complimens au nouveau Roy (2) de la part de S. A. E. mon maitre. C'est une commission à laquelle je ne m'attendois gueres, et qui d'ailleurs n'a rien de désagréable. Je voudrois Monsieur, qu'elle pust me procurer quelque occasion de vous y rendre des devoirs. Vous pouvez en disposer seurement, et m'adresser icy vos lettres, comme a l'ordinaire, puis qu'il y aura des gens durant mon absence qui auront soin de recevoir mes lettres, et de me les adresser, où je serai. Ce sera un

13024 du *Fonds français* et 1343 des *Nouvelles acquisitions françaises*, correspondance des plus intéressantes pour l'histoire littéraire du XVIIe siècle ».

(1) M. Schefer nous dit en effet, Introduction, p. xxj : « Spanheim revint à Paris le 8 février 1685 ».

(2) Jacques II.

voyage à aller et venir de cinq ou six semaines tout au plus (1). Je ne toucherai rien icy de l'heureux succès de celuy que j'ay fait à Berlin, il est vray que je n'ay rien veu dans ma route de fort curieux et nouveau en matiere d'érudition, et que mesmes je n'ay gueres eu de loisir de m'y attacher. J'ay acheptó un S. Jérôme imprimé nouvellement à Francfort (2), mais que je n'ay pas encore receu. Le libraire qui a rimprimé l'Epiphane du P. Petau, a dessein d'en faire autant des œuvres de Justin le martyr (3), et m'a fait pretenter, si j'avois quelque chose à y contribuër. Je verrai si j'en trouve loccasion et le loisir. En ce cas là, j'ay aussi dessein de donner une seconde et nouvelle partie de dissertation sur les médailles, qui comprendront des matieres plus curieuses et plus belles, que celles dont j'ay traitté dans le volume qui est public. Je tacherai au moins de n'y tomber pas dans le blame, dont tous M[rs] les antiquaires d'icy chargent le P. Hardouin, et qui en effet n'en a pas usé comme il devoit à leur endroit. Je ne dirai pas qu'il s'avise de me reprendre à tort assez souvent et de se servir de mes remarques publiques et de les copier, sans en faire mention. Il faut laisser vivre et écrire chacun à sa mode, et tacher d'écrire autant qu'on peut, en honneste homme. Je ne scay rien icy de nouveau et d'important en matière de livre. Un Allemand et de mes amis, nommé Arnoldi, fait imprimer icy quelques pe-

(1) M. Schefer nous apprend que « Spanheim était de retour à Paris le 28 mai ».

(2) L'édition de Saint-Jérôme, contenant les notes d'*Erasme* et de *Victorinus*, avait été publiée l'année précédente, 1685, à Francfort et à Leipsik en 12 vol. in-fol.

(3) L'Epiphane de Denys Petau (grec et latin) réimprimé à Leipsick en 1682 avec un commentaire de Valois, avait paru à Paris en 1622, 2 *vol. in-fol.*

L'édition de Saint-Justin-le-Martyr, dont parle Spanheim, ne parut pas à Leipsik, mais à Wittenberg, l'année suivante, 1686, avec les commentaires de Kortholt sur les apologistes du second siècle.

tites pièces d'Athanase et autres non encore imprimées (1). Que font nos chers et illustres amis Messrs de la Mare et Lantin, et où en est la Vie de M. de Saumaise du premier. Je vous prie par occasion de les assurer de mon souvenir et de mon estime ancienne et constante. Je suis,

Monsieur,

Vostre tres humble et tres obeissant serviteur.

DE SPANHEIM.

VIII

(Pièce 102)

A Paris, le 9 juillet 1685.

Monsieur,

Je ne say quelle opinion vous aurez de mon silence, que j'ay eu dessein à diverses fois de rompre depuis mon retour de Londres. Je vous supplie au moins de croire que j'ay beaucoup de regret et de confusion tout ensemble, de l'avoir gardé si long temps.

J'espere que vous me ferez la faveur de n'en rien diminuer de l'amitié, dont il vous plaist de m'honorer, et que je considérerai toujours comme un avantage particulier. Mon voyage d'Angleterre ne m'a laissé gueres de loisir d'y converser avec les savans de ce païs là, ni de revoir Oxford, comme j'aurois bien souhaité.

Le Joséphe s'y avance lentement, et on a partagé la tache, en laissant à M. Bernard (2) d'illustrer les Antiquités Judaïques, et donnant à un autre de ce lieu là de travailler

(1) Le théologien allemand appelé *André Arnold* par la *Nouvelle Biographie générale*, qui nous dit bien qu'il édita à Paris, en 1685, le *Syntagma doctrinæ* d'Athanase, et l'ouvrage de *Unione et incarnatione* de Théodore Abucara, avec deux *lettres* des Empereurs Valentinien et Marcien à Léon et des notes.

(2) *Edouard* BERNARD, astronome, philologue et critique anglais, né en 1638, mort, dit la *Nouvelle Biographie générale*, le 22 jan-

sur les livres de Bello Judaico. On a rimprimé à Oxfort quelques petits Traittés anciens comme *Barnabæ Epistola* (1), ou qu'on luy attribuë, avec le *S. Hermiæ Pastor* (2) ; item *Theophyli libri ad Autolycum* (3) ; et un petit traitté de Clément Alexandrin attribué jusques icy à d'autres auteurs, ou melé avec eux (4). L'Evesque d'Asaph cy devant docteur Loyd fait imprimer une Chronologie, qui sera fort exacte, et où il se sert fort des médailles. C'est un fort savant homme, de probité, et de mes bons amis (5). J'ay remporté d'ailleurs de ce païs là *Archimedis*

vier 1697, et suivant M. Caillemer, d'après Chaufepié, le 12 janvier 1696, à Oxford.

Bernard est auteur de commentaires très prolixes, suivant l'expression du savant doyen de Lyon, sur Josèphe dont le premier volume parut à Oxford en *1700*. D'autre part, la *Nouvelle Biographie générale* nous dit que l'édition des *Antiquités judaïques* parut en *1691* à Oxford « avec un commentaire étendu du savant Edouard Bernard » (art. Josèphe).

(1) Του αγιου Βαρναβα του Αποστολου επιστολη καθολικη. Sancti Barnabæ apostoli Epistola catholica. Accessit S. Hermæ Viri apostolici Pastor. (Curante I Fello), Ox., e theatro Sheldoniano. Anno 1685. — Bibl. Dresd. exemplar cum notis *Grævii* mstis adservat (Hoffmann, *Lexicon Bibliographicum*).

(2) V. la note précédente : « Cum Barnabæ epistola ».

(3) Oxford, 1684.

(4) Il s'agit du petit traité de S. Clément d'Alexandrie intitulé : *Quis dives salutem consequi possit*, qui avait paru en 1683 à Oxford.

Hoffmann, dans son *Lexicon bibliographicum*, au § des *Scripta singulatim edita* de S. Clément, dit bien en effet : 1683. 12. Κλημεντος Αλεξανδρεως λογος τις ὁ σωζομενος πλουσιος. CLEM. Alexandrini liber quis dives salutem consequi possit. Accedunt nonnulla in editionibus operum Clementis hactenus desiderata. (Cura I. Felli) Ox. e theatro Scheldoniano.

(5) William Lloyd, évêque de S. Asaph, né en 1627 à Tilshurst, mort le 30 août 1717 à Hartlebury.

Le P. Noris écrivant à Nicaise (*Caillemer*, p. 17) dit : « Accepi epistolam Willelmi Loidi, quem Angli episcopum dicunt ; quo tamen titulo eundem nequeo appellare, sacris legibus Vaticani vetantibus, quibus, vel officii gratia, refragari non licet ». Lettre de *Florence*, 1 juillet 1687.

et Apollonii Pergœi opera imprimés de nouveau en Latin avec des notes (1), et *Ptolemæi Harmonica* de M. Vallis (2); et un grand livre fort curieux *Spenceri de Legibus et Ritibus Hebræorum* (3), que je n'ay pas encore tiré du relieur, n'ayant receu mes livres que depuis 8 ou 10 jours par la voye de Rouën. Le Pline du P. Hardouin paroist depuis quinze jours, où je veus croire qu'il a fait tout ce qu'il promet, n'ayant encore eu le loisir, que d'en lire les Prefaces, où il ne s'est pas oublié. Je ne say après tout s'il aura suffisamment justifié Pline, comme il prétend, de toutes les fautes que feu M. de Saumaise entre autres y avoit remarquées. Il y a un troisième tome sous la presse des *Monumenta Ecclesiæ græcæ* de M. Cottelier (4) et l'Histoire de la Catalogne de feu M. de Marca, que M. Baluze a donné à imprimer (5). Je n'ay rien de M. Grævius depuis quelque temps, comme je say que vous estes de ses bons amis, je vous dirai que pour l'envoy et dédicace de ses Epistres ad Atticum, M. le Duc de Montauzier luy a enfin procurer (*sic*) un beau present du Roy de deux mille Escus en argent, et d'une chaîne d'or avec la médaille de Sa Majesté. La chose est nouvelle, et ne crois pas meme que le Duc susdit en ait encore donné part à M. Grévius. On me presse de donner un second volume de Dissertations sur les médailles qui comprendront les

(1) Probablement l'édition de Londres par *Isaacum Barrow*, 1675, car Hoffmann n'en signale aucune autre avant 1685.

(2) Wallis, célèbre mathématicien anglais (1616-1703). L'ouvrage de Ptolémée. 'Αρμονικῶν βιβλία γ', publié en grec et en latin par Wallis, parut à Oxford en 1682, in-4.

(3) Cambridge, 1685, in-fol. C'est, suivant Brunet, la première édition ; elle ne contient que trois livres.

(4) L'ouvrage de Cotelier parut de 1677 à 1686, 3 vol. in-fol.

(5) Voy. au sujet de M. de Marca et de la bibliographie concernant le savant archevêque, auquel notre illustre Baluze fut si attaché, la publication si érudite, comme toujours, et si intéressante de M. Tamizey de Larroque : *Lettres inédites de Pierre de Marca au chancelier Séguier*, Bordeaux et Paris, 1881.

matieres dont je n'ay point parlé ou qu'en passant, dans les imprimées (1). Les sujets en seront du moins assez curieux, de meme que les preuves par les médailles. Mais peut estre que je pourrai avant cela donner quelques autres sur la presse sur des matieres détachées (2). Il faut pour tout cela un peu plus de loisir, et moins courir ou voyager que j'ay fait depuis un an, en ça.

Au reste je ne saurois me dispenser de donner occasion au porteur de la présente, de vous rendre ses devoirs, et de se prévaloir de vos bons offices. Il est de Geneve, d'une famille considérable, fils de M. le syndic Gallatin, et de mes parens. Tout cela me fera prendre une part toute parculière dans l'honneur que vous luy ferez de l'honorer de vos conseils et de votre protection, suivant le besoin qu'il en pourroit avoir. M. de la Rive qui a esté icy député au Roy, s'en retourne, et prend sa route par vos quartiers. J'espere que Messieurs de la Mare et Lantin jouissent d'une entière santé, et qu'elle laisse lieu au premier de publier la vie de M. de Saumaise et à l'autre de nous donner l'ouvrage dont vous m'ecrivistes il y a quelque temps (3). Vous me permettrez de les assurer icy de mes tres humbles services. Je suis avec passion,

Monsieur,

Vostre tres humble et tres obeissant serviteur,

DE SPANHEIM.

(1) On sait que le second volume parut avec l'édition de Londres, 1706, et Amsterdam, 1717, 2 vol. in-fol.

(2) Spanheim devait donner auparavant son *Orbis Romanus* paru en 1697.

(3) Très probablement l'ouvrage de *Saumaise* intitulé : *De Homonymis hyles iatricæ, de manna et saccharo*, paru à Utrecht en 1689, in-fol., dont Lantin fit la préface, qu'annonçait ainsi un fils du grand Saumaise, à Nicaise (Caillemer, p. 99) : « Le livre de Homonymis n'attendoit que la belle préface de M. Lantin pour paroistre; ainsi, l'ayant receüe, vous verrés ce traicté au premier jour... », lettre du 18 décembre 1688.

IX

(Pièce 97)

A Paris, le 24 d'aoust 1687.

Monsieur,

Ce n'est pas sans quelque confusion, que je ne vous ay pas renvoyé plutost le reste des cahiers de vostre dissertation (1) avec l'Epitre et la Préface. Des distractions continuelles où j'ay esté exposé depuis huit ou dix jours, en sont l'unique cause. Vous trouverez icy le tout, et suppleerez aisément aux fautes du copiste en le repassant. Aussi n'avois je pas releu les cahiers precedens, que je vous avois envoyé, me doutant bien, que vous prendriez la peine de les revoir. Je fus hier à Versailles, et parlai à M. Morel, qui me promit de vous fournir tout ce que vous lui demanderiez. Ainsi vous n'auriez s'il vous plaist qu'à faire un petit mémoire, et luy envoyer des desseins que vous desireriez, et à quoy il satisfera d'abord. Je me suis souvenu depuis le renvoy de vos cahiers d'un passage de Theodoret, qui ne s'accorde pas avec ce que vous dites d'Hadrien qu'il n'affectast point des honneurs divins durant sa vie, comme Alexandre. A quoy s'oppose ce qu'en dit Theodoret dans son excellent Therapeutique, ou ouvrage contre les Gentils, où il dit ce que j'ay marqué icy à costé, et qui mérite, que vous en touchiez un mot en passant, là où vous dites ce que dessus d'Hadrien.

Je vous suis bien obligé de la recommandation du livret en faveur des Anciens, quoy que je n'aye pas encore eu loisir de le lire. Ce que j'ay réservé pour une heure de

(1) Il s'agit de la dissertation de *Nummo Pantheo Adriani imperatoris*, etc., qui devait paraître en 1690 (voir la note de la page).

promenade à Montrouge, où je n'ay pas esté de toute la semaine. Je suis avec vérité,

Monsieur,

Vostre tres humble et tres obeissant serviteur.

DE SPANHEIM.

Tom. IV. Oper. Theodoreti in θεραπευτ. Sermo VIII. de Martyrib. pag. 605.

Καί τοι τινὲς τῶν ανοήτων, και θεους σφᾶς ἀνηγόρευσαν, και ναους εαυτοῖς εκοδομησαντο, και γαρ 'Αντίοχος επεκληθη θεος. και Γαίος ὁ Τιβερίου διαδοχος καί Ουεσπασιανος, και Αδριανος, μεγιστους ἑαῦτους νεως ῳκοδομησαν· ἀλλὰ ξὺν τῇ ζωῇ και τὴν δυσσεβῆ τιμὴν ἀφηρέθησαν. Et tamen stultiores quidam fuerunt, qui et Deos sese pronunciarint, sibique ipsis templa construxerint. Nam et Antiochus Deus vocatus est et Caius, qui Tiberio successit, Vespasianus quoque et Hadrianus ingentia sibi templa excitarunt, sed impio simul honore cum vita privati sont.

X

(Pièce 98)

Ce 19 février 1688.

Je ne trouvai point hier M. Morel au cabinet du Roy à Versailles mais l'ayant cherché chez luy, je luy recommandai de nouveau vos medailles. Il me dit qu'il viendroit à Paris cette semaine, et ainsi où on luy pourra parler et demander ce que vous desirez. C'est dans cette veüe aussi, que je vous renuoye votre Dissertation après l'avoir eüe et m'estre servi en quelques peu d'endroits de la liberté que vous m'avez donnée. Je suis trop intéressé dans l'honneur que vous m'y faites de me l'adresser pour vous dire que vous devez à present en gratifier le public. Je suis de tout mon cœur,

Monsieur,

Votre tres humble et tres obeissant serviteur.

DE SPANHEIM.

XI

(Pièce 99)

Ce 14 fev. 1688.

Je vous renvoye, Monsieur, ce catalogue de Livres avec mes tres humbles remercimens. Je ne puis pas m'en aquitter sur le champ, à cause de la presence des hostes que j'avois céans. Je l'avois déjà achepté en blanc chez Hottomel, et donné au relieur qui ne me l'a pas encore rendu. Je vous envoye avec ce meme porteur les 13 £ pour le livre de Mr Vaillant (1). Nous avons aujourdhuy un jour de preparation pour notre devotion de demain, qui m'empechera d'avoir l'honneur de vous voir. Je suis avec vérité,

Monsieur,

Vostre tres humble et tres obeissant serviteur.

DE SPANHEIM.

XII (2)

(Pièce 112)

Monsieur,

Je ne say que répondre a toutes les honnetetés, qu'il

(1) Probablement l'ouvrage du savant numismate Vaillant : *Numismata aerea Imperatorum et Caesarum*, qui venait de paraître à Paris, en 1688.

(2) Cette lettre n'est pas datée, et, dans le manuscrit, est placée la dernière; mais il est visible qu'il s'agit de la dissertation : *De Nummo Pantheo Hadriani imperatoris, ad Ill[mum] Spanhemium Dissertatio, in qua, praeter nonnulla de Consecrationibus veterum illarumque origine, peculiaris quaedam instituitur Comparatio inter Hadrianum et Alexandrum M. multaque illis communia demonstrantur; Lugduni, apud Anissonios, etc., MDCXC.*

Cette lettre doit donc, selon toute vraisemblance, être placée à l'année 1690.

vous plaist de me faire, et que j'ay si peu meritées en vostre endroit. Il ne vous suffit pas de vous intéresser aussi obligeamment en ma santé, si vous ne voulez encore contribüer à me faire honneur, par l'adresse de votre belle Dissertation et par toutes les belles choses, qu'il vous plaist de dire de moy dans votre lettre. Je n'ay garde sans doute de m'y reconnoistre à un portrait aussi obligeant et aussi flatteur. Mais je n'en suis pas moins redevable à l'industrie que vous y apportez, à me representer au public tel que votre affection ou votre prevention m'y depeint. Je souhaitterois seulement, Monsieur, de me trouver plus en estat de le mériter et de vous témoigner de quelle maniere je suis sensible à des marques aussi expresses de votre précieuse amitié. J'espere que l'estat de ma santé qui se rétablit, me permettra de vous en aller témoigner ma reconnoissance et de me prévaloir de la lecture que vous me faites espérer, du corps de votre Dissertation. Je suis avec passion et avec verité,

Monsieur,

Vostre tres humble et tres obeissant serviteur.

de Spanheim.

XIII

(Pièce 101)

A Berlin, le 15/25 aoust 1691.

Vous avez, Monsieur, tous les sujets du monde de vous étonner de mon silence ; sur tout au cas que ma dernière, que j'ay eu l'honneur de vous écrire, il y a environ deux mois, ne vous ait pas esté rendüe. Je le dois recueillir de la vostre du 6 aoust, qui n'en fait point de mention, et que je viens de recevoir en ce moment par l'addresse de nostre cher Mr Cuper. Vous me ferez bien cependant la justice de croire, que je n'en conserve pas une impression moins vive de vostre constante amitié. J'attendrai avec quelque impatience vostre dissertation des Sirenes(1) par la voye que vous me marquez. Je ne doute pas qu'elle ne vous ait fait honneur, comme vous en aurez fait au cabinet de Mr de Thou, par l'histoire que vous y en avez inséré (2). A l'égard de la nouvelle édition des œuvres de l'Emp. Julien, je m'étonne que le Titre en soit venu jusqu'à Paris. Je vous avois mandé avec mes dernieres, comme on en avoit formé le dessein à Leipsicg, avant que j'en fusse informé; qu'on s'est avisé en meme temps de me prier instamment à y contribuer; et que je m'y suis laissé engager à la requisition pressante de Mr Carpzovius(3), sénateur à Leip-

(1) La dissertation sur les Sirènes parut en 1691 sous ce titre: *Sirènes ou discours sur leur forme et figure; A Monseigneur* le chancelier; à Paris, chez Jean Anisson, directeur de l'Imprimerie royale, rue Saint-Jacques, à la Fleur de lys de Florence; M.DC.XCI; avec privilège du Roy; in-4 de 78 pages, outre un avertissement et une table.

L'exemplaire de la Bibliothèque Nationale qui nous a été communiqué est celui envoyé par Nicaise à M. *Baudelot* (1648-1722) qui eut la garde du cabinet des médailles et pierres gravées de Madame la duchesse d'Orléans, et fut reçu en 1705 à l'Académie des Inscriptions.

(2) Le *cabinet* où se tenaient, dans la maison du président DE THOU, ces réunions savantes auxquelles présidaient aussi les frères Du Puy, fut l'origine de ce fameux « Cabinet Du Puy », transporté ensuite à la *Bibliothèque du Roi*, qui devait être le principal foyer de l'érudition au XVIIe siècle. Son histoire n'a pas été écrite, mais un très intéressant aperçu en a été donné par M. *Isaac Uri* dans sa thèse de doctorat: *François Guyet* (1575-1655), p. 1-63, *un cercle savant au XVIIe siècle*.

M. Uri mentionne effectivement, p. 15, note 1, « comme pouvant contribuer à faire connaître l'assemblée des Du Puy » la Dissertation sur les Sirènes de l'abbé Nicaise où cet abbé fait un petit abrégé de l'histoire du Cabinet, « que quelques autres pourront donner un jour plus au long et l'embellir de plusieurs circonstances curieuses ». Nous aurions bien désiré reproduire le passage de Nicaise sur le « *Cabinet de Thou* », mais nous allongerions trop cette note.

(3) *Samuel Benoit Carpzov* (1649-1699), qui avait publié en 1685 les *Lettres politiques d'Hubert Languet*.

Dans une lettre du *P. Pagi* à *l'abbé Nicaise* (Caillemer, p. 196), sieg, et sur sa parole que l'édition s'en feroit en bon papier et en beau caractère, et ainsi sur un autre pied que le reste de leurs impressions. Je pris aussi le dessein, et en partie sur ce que vous m'en avez dit autrefois, à Paris, d'y ajouter les X livres de Cyrille contre Julien, et qui en effet contiennent, comme vous savez, le texte ou l'ouvrage meme de cet Apostat contre la Religion Chrétienne. Ce qui est cause aussi, que l'édition s'en fait in folio, et qui d'ailleurs a été retardée par les nouveaux caracteres grecs que le libraire a fait fondre exprès pour cet ouvrage. De maniere qu'on en va seulement tirer la premiere feuille (1). Cet ouvrage pour lequel je n'avois pris jusques icy aucune avance, que d'avoir conferé le texte avec quelques anciens mss. en retardera quelques autres, que j'avois dessein de publier et qui estoient plus prets à l'estre. Je me trouve engagé d'ailleurs à fournir mes Remarques pour la nouvelle édition du poete grec Callimaque que le fils de M. Grævius a entrepris à Utrecht. Au moins j'en suis instamment requis de la part du pere et du fils, et qui jugent trop favorablement de quelques échantillons qu'ils en ont veu. Et quoy que je n'eusse jamais songé à publier les observations que j'avois faites sur ce Poète et marqué en marge de la belle edition de Mad. Dacier, comme j'ay fait sur le reste des Poetes grecs au moins des plus difficiles, je vois pourtant qu'elles

nous lisons : « . . M. Magliabecchi m'écrit du 12 de septembre que M. Carpzovius, sénateur, luy a écrit de Lipsie qu'il a fait réimprimer Eusebe *de Demonstratione et Præparatione Evangelica*, en 2 vol., sur l'impression qui en avoit été faite à Paris et qu'il travaille maintenant à celle des œuvres de S. Grég. de Naziance selon l'édition de Billius ». Lettre du 6 oct. 1688. — C'est l'édition de S. Grégoire qui parut à Leipsic (sous la rubrique de Cologne) en 1690, 2 vol. in-fol., édition faite avec *négligence*, dit la *Nouv. Biogr. générale*.

(1) L'ouvrage parut à Leipsick, en 1696, in-folio, sous ce titre : *Juliani Imperatoris Opera cum variorum notis, recensente E. Spanhemio, qui observationes adjecit.*

feront une espèce de juste commentaire, si je les continue sur le pied de ce que j'en ay déjà envoyé à Utrecht. J'attens dailleurs une favorable occasion de vous envoyer un livre de nostre Mr Beger, qui vient seulement d'estre publié et qui porte pour titre *Observationes et conjecturæ in numismata quædam antiqua.* Comme il ne s'estoit pas contenté de m'adresser cette pièce, mais avoit désiré meme, que mon jugement ou approbation y fust jointe, et que je ne me trouvois pas de meme advis sur quelques unes de ses explications, cela a donné lieu à des Epistolæ ἀμοιβαίαι, qui s'y trouvent de luy et moy, et dont la derniere, qui est de moy, et qui fait la moitié de l'ouvrage, a achevé de son propre aveu à éclaircir et à mettre en son jour ce qui y estoit entre nous en question. Je serai bien aise d'en savoir vostre jugement, quand vous l'aurez veu, et celuy de nos savans et curieux de Paris en ces matières (1). Il y a long temps, que je n'avois rien apris de nostre cher Mr Morel, et dont j'estois en peine que parce que j'en trouve dans votre lettre du 6 aoust. J'espere et souhaitte de tout mon cœur que sa liberté ne soit pas retardée plus long temps (2). Je suis fort aise d'aprendre que Mr Vail-

(1) Nous lisons dans une lettre de *Gisbert Cuper* publiée par M. Caillemer (loc. cit.), p. 248 : « Le Julien de M. de Spanheym sera bien tost achevé, et il y a aussi fort longtemps que je n'aye pas eu de ses nouvelles, quoyque j'aye communiqué a cet illustre et sçavant ministre quelques reflexions sur la première médaille des Observations de M. Begerus, dont M. de Spanheym dit aussi son sentiment dans les deux lettres qui y sont jointes et qui renferment un thresor d'érudition ».

(2) *André Morell,* le savant numismate, avait été enfermé à la Bastille parce qu'il s'était plaint dans un langage trop libre du retard mis au paiement de la rémunération promise pour avoir classé les médailles du Cabinet du Roi. La *Nouvelle Biographie générale* dit qu'il fut relâché en novembre 1691 sur les réclamations du canton de Berne.

Nous ne saurions résister au plaisir de reproduire ici un curieux passage d'une lettre de l'augustin Noris qui devait devenir le grand cardinal Noris, publiée par M. Caillemer, p. 25, au sujet de cette

lant fait rimprimer son premier ouvrage sur les médailles qui ne pourra que nous donner de belles découvertes (1). Le livre du P. Jobert (2) ne pourra aussi que faire honneur aux médailles. Le premier n'a-t-il point répondu au P. Hardouin (3), comme Mr Grævius m'avoit mandé, mais

détention de Morell : « Postquam Mars Gallicus, ita Louoium re-« pentina morte sublatum Itali vocabant, ex Orbe egressus est, « speramus V. C. Morellium ex Bastitana arce egressurum, in qua « diutius præsidiarium vir Helveticus egit; non quod fuerit præsi-« dio arcis, qui ibi in custodia detinebatur, sed quod mihi aliis-« que nummariæ eruditionis studiosis ibidem quoque præsidio « fuit; cujus cum libertatem intellexero, grandiori sono Horatio-« num versum canam :

« O et præsidium et dulce decus meum! »

Lettre à Nicaise du 13 août 1691.

(1) Cette seconde édition parut à Paris l'année suivante, 1692, 2 vol. in-4.

(2) Le livre de *Louis Jobert*, antiquaire français (Paris, 1637-1719), la *Science des Médailles*, parut à Paris en 1692, in-12. M. Caillemer nous donne, p. 185, le jugement du savant *Bégon*, dont nous publierons les lettres à Nicaise, sur le livre du P. Jobert, lettre de Rochefort du 5 février 1693 : « ... J'ai lu le livre du P. Jobert qui est bien escrit. »

(3) Au sujet de la querelle du P. Hardouin et de Vaillant, il faut voir la *Correspondance de Mabillon et de Montfaucon avec l'Italie* publiée par M. Valéry, t. II, p. 186, 341 et 349.

Dans une lettre de Michel Germain et Mabillon à Magliabecchi du 1er septembre 1692, nous lisons : « ... Il en est de même du premier volume de l'Histoire de l'Eglise, du savant M. de Tillemont, qui continue aussi l'impression de son Histoire des Empereurs sur les originaux. Ces deux ouvrages sont des prodiges d'érudition et d'exactitude. Vous devriez les tourner en italien ou en latin. Il y a des pièces volantes des médaillistes, c'est-à-dire de M. Vaillant et du P. Hardouin, jésuite, où je voudrais que la modération et la charité chrétienne régnassent, au lieu que je n'y trouve que des injures et de l'animosité. Que ne vont-ils en Flandre décharger leur bile contre les ennemis de l'Eglise et du Royaume ? »

Le P. Hardouin avait publié en 1689 un traité intitulé : *De nummis antiquis coloniarum et municipiorum*, in-4, adressé à Vaillant, qu'il réfutait. A l'occasion de cette publication, Spanheim écrivait

dont la vostre ne me dit rien? J'ay les *Marmora Felsinea* dont vous parlez (1) et les *Musiva* de Ciampini (2) : M. Bel-

à Nicaise (Caillemer, p. 105), lettre du 2 avril 1689 : « Je vois d'ailleurs par la vostre que le livre du P. Hardouin contre M. Vaillant est publié. Je ne suis pas surpris d'aprendre que l'auteur y garde son caractère. «

Puis en 1693 sur la réponse de Vaillant, Spanheim, toujours, écrit à Nicaise (Caillemer, p. 108) en parlant de Leibnitz : « ... j'ay eu communication par son moyen de la lettre de M. Vaillant contre le P. Hardouin et de la dernière lettre de celuy-cy. J'ay mandé librement mon advis sur l'une et sur l'autre à M. Leibnitz, qui m'en avoit donné part dans cette veuë, et je suis persuadé qu'il y a beaucoup de choses, où ils n'ont raison ni l'un ni l'autre. »

(1) *Marmora Felsinea illustrata*, etc., par le marquis de *Malvasia* (1616-1693), Bologne, 1690, in-fol.

(2) *Ciampini Giovanno* (1633-1698) avait publié en 1690 à Rome, in-fol. : *Vetera monumenta in quibus, præcipue musiva opera, sacrarum profanarumque ædium structura, ac nonnulli antiqui ritus, dissertationibus, iconibusque illustrantur.*

Une deuxième partie de ce grand ouvrage fut publiée à Rome en 1699. M. Valéry (op cit., t. II, p. 119, note 3), nous apprend que « les *deux dernières parties* n'ont point été publiées. »

Dans une lettre latine, non datée, mais de 1690, publiée par M. Valéry, t. II, p. 240-42, le savant *Sergardi* écrit à Mabillon : « Novissime publici juris fecit [Ciampinus] opus De *Antiquis Musivis Imaginibus* multa eruditione refertum variisque iconibus affabre delineatis curiosum... »

Mabillon lui-même écrit à Sergardi à ce sujet, lettre datée de Paris VIII Kal. maii [24 avril] 1690 (Valéry, t. II, p. 252) : « Gaudeo, quod illustrissimus Ciampinus opus suum *De Musivis* publici juris fecerit, quod reipublicæ litterariæ non potest non esse magnopere fructuosum ».

Enfin Claude Estiennot (*ibid.*, p. 370), lettre de Rome du 18 janvier 1695, dit à Mabillon : « Son [de Ciampini] deuxième tome *De operibus Musivis* est prêt à imprimer; il écrit à M. Anisson, de Lyon, et lui offre de lui envoyer quelques exemplaires du premier qui se vend en Allemagne, jusques à quatre pistoles ».

Puisque nous avons cité *Sergardi*, nous ne saurions omettre de renvoyer, à son sujet, le lecteur au portrait si savamment et si finement esquissé qu'a donné du savant italien M. le prince de Broglie dans son ouvrage si souvent mentionné : *Mabillon*, etc., t. I, p. 189-193.

lorius (1) s'est aussi avisé de m'écrire dernierement et de m'envoyer sa nouvelle édition de Diana symbolica et que je n'ay pas encore receue. Mr Fabretti m'a aussi envoyé une belle et nouvelle Inscription (2) de l'ancienne ville de *Veii* ou *Vejentum* et en me demandant mon sentiment sur quelque difficulté qu'il y trouve. Pour les inscriptions de Gudius (3), Morhofius (4) a écrit à Leipzicg qu'il n'y

(1) L'abbé *Bellori* (Jean-Pierre), antiquaire italien (Rome, 1615-1696). Nous trouvons à son sujet cette mention charmante dans l'ouvrage du prince de Broglie (nous suivrons jusqu'au bout cet excellent guide; comment ne pas faire bonne route, *Teucro duce et auspice Teucro?*): « Mabillon reçut avant de partir un souvenir qui peint bien la société dans laquelle il avait vécu à Rome. L'abbé Bellori, un des savants italiens qui lui avaient témoigné le plus de bienveillance, remit au bénédictin français, avant son départ, en souvenir et comme gage d'un droit perpétuel d'hospitalité, la copie de deux inscriptions antiques gravées sur des lames d'airain, et qui étaient comme des passeports donnant droit à l'hospitalité délivrés par les anciens Romains. »

On conserve à la Bibliothèque Nationale, dans le vol. 9353, f. 3, une lettre malheureusement unique de Bellori à *l'abbé Nicaise* que nous publierons dans notre petite galerie.

(2) *Fabretti* (1618-1700), cet antiquaire passionné « qui parcourait, nous dit toujours le prince de Broglie, par tous les temps la campagne romaine à la recherche des monuments de l'ancienne Rome. Toujours monté sur le même cheval que ses amis avaient appelé Marco Polo, il était si assidu à cette espèce de chasse, que l'on prétendait que son cheval sentait à l'odorat les monuments antiques et s'arrêtait de lui-même aussitôt qu'il s'en trouvait sur la route ».

(3) Sur *Gudius* (Marquard), archéologue et philologue allemand (1635-1689), v. les nombreuses mentions de lui faites dans l'ouvrage de M. Caillemer. Les *Antiquæ inscriptiones* de Gudius ne parurent qu'en 1731 a Leuwaerde, in-fol.

Papillon, *Bibliothèque des auteurs de Bourgogne*, t. II, p. 275 v°, *Saumaise*, manuscrits n° 37, rappelle ceci : « Morhofius, à la page 192 de son *Polyhistor.*, assure qu'il y a beaucoup de *lettres de Saumaise* dans la bibliothèque de Gudius ».

(4) Sur Morhof (1639-1691), professeur à Kiel, v. l'ouvrage de M. Caillemer.

a pas lieu de les esperer cy-tost. Je suis bien aise que le livre du P. Noriz de *Epochis Syro-Macedonum* est enfin publié dans l'estat qu'il desiroit. J'ay beaucoup d'impatience de le voir et ay écrit en Italie à ce sujet. Me voilà au bout du papier, et sans avoir besoin d'employer plus de paroles à vous assurer de la fermeté avec laquelle je suis vostre tres humble serv.

DE SPANHEIM.

Ayez la bonté s'il vous plaist de me conserver dans le souvenir et les bonnes graces de Messieurs le Pres. Bignon, Ménage, Derbelot, Toinard, Du Cour, Vaillant et sans oublier M[r] et Mad. Dacier.

XIV

(Pièce 100)

A Berlin le 25 may 1695.

Monsieur,

La derniere lettre que j'ay reçeue par l'adresse de Mons. Leibniz me fait voir d'une maniere bien obligeante que vous ne vous rebuttez pas de mon silence. Ce qui me doit rendre d'autant plus sensible à une amitié aussi ferme et aussi désintéressée que la vostre. Aussi je vous prie d'estre persuadé que j'en fais une estime toute particuliere et que ni les années ni le grand éloignement ne contribuent rien a l'affoiblir. Ce qui ne peut aussi que me faire prendre beaucoup de part aux facheuses incommodités dont vous estes attaqué de fois à autre ; et me faire souhaiter avec zele que vous en puissiez estre entierement soulagé. Pour ce qui me regarde et malgré le nombre des années depuis nostre premiere connoissance à Rome (1), ma santé n'a

(1) En 1665, au commencement de l'année au plus tard ; Spanheim revint, en effet, nous l'avons vu, au mois d'avril, et il nous

jamais esté meilleure que depuis ma sortie de France et mon sejour par deca ; et je n'ay point trouvé d'air jusques icy qui s'accommodast mieux à mon temperament. C'est à dire avec les reflexions que mon age me doit donner ; je veus dire de ne m'y confier qu'avec la resignation deue aux changemens qui ne peuuent qu'y arriver. J'en tire au moins cet avantage jusques icy, par la grace de Dieu, que je puis donner à l'étude ou à la lecture les heures de relache que je puis avoir. Parmi cela mon Julien s'est avancé fort lentement jusques icy, partie par des accidens de la mort du libraire à Leipsicg, qui en avoit entrepris l'édition, partie par d'autres occupations ou ouvrages, qui me sont venus à la traverse comme un commentaire assez ample sur les hymnes du poëte grec Callimaque, ou j'ay trouué plus de matiere à dire et à éclaircir soit de critique, soit sur la Mythologienne ancienne que je n'avois cru, en m'y appliquant à l'occasion de l'édition qui s'en faisoit à Utrecht, et qui avoit d'abord esté entreprise par le fils defunt de Mr Graevius. Le libraire ayant entrepris depuis d'autres grands ouvrages, avoit interrompu durant quelque temps celui dud. Callimaque, et qu'il a repris de nouveau. Il y aura 2 tomes in-8° dont le premier contiendra tout ce qui a esté publié jusques icy sur ce Poëte avec des observations nouvelles de feu Mursius et de Mrs Graevius pere et fils ; l'autre en petit caractere mais fort net ne contiendra que mes remarques. Outre cela Mr Graevius m'a engagé a retoucher de nouveau ma Dissertation de Vesta et Prytanibus Graecorum, qu'il s'est avisé de faire insérer dans le 3me tome des Antiquités Romaines dont il y en a déja deux de publiés ; et ce qui m'a donné lieu à la refondre tout de nouveau, et à l'augmenter des deux tiers.

dit d'ailleurs, p. 261 de la *Relation*, « à mon retour d'Italie par ladite ville [Venise] au commencement de l'année 1665 ».

L'abbé Nicaise avait fait un premier voyage en Italie en 1655, v. M. Caillemer (*op. cit.*, introduction, p. 8).

Elle est à présent sous la presse (1) en ces quartiers là. Vous aurez sçeu d'ailleurs que nous avons Mr Morel depuis un an ou environ à quelques journées d'icy chez M. le comte de Schvartzburg (2). Que nous l'avons veu depuis l'an passé à l'inauguration de la nouvelle Université de Hall, et icy ; et que S. A. E. a bien voulu contribuer par ses libéralités à l'engager à la publication de son grand ouvrage, et qui luy sera dédié ; que led. sieur y travaille actuellement et en mettra bien tost le premier tome sous la presse de Leipsig, suivant qu'un libraire par les soins de M. Carpzovius s'est chargé de l'impression de tout cet ouvrage. Cependant on y imprime une nouvelle édition de son specimen (3), qu'il a enrichi de plusieurs belles médailles, et auquel sera joint un Appendix plus grand que led. specimen, de cinq de mes lettres ou Dissertations sur quelques rares et curieuses médailles, dont il m'a voulu consulter, et dont il y a une lettre qui ne roule que sur le dessein et les matieres de son Thesaurus Rei Nummariæ, et de l'utilité que les savans et les curieux ne pourront qu'en tirer. Ce petit ouvrage est sur le

(1) Le 3e tome du *Thesaurus Antiquitatum Romanarum* parut en 1696 à Utrecht, chez François Halma et Pierre Van der AA, in-fol.

(2) A Arnstat, résidence des comtes de Schwartzbourg, ainsi que nous l'apprend une lettre de Leibniz à Nicaise publiée par M. Caillemer, p. 44, qui dit en parlant de Morel : « M. le comte de Schwartzbourg (vous savez que ces comtes vont presque de pair avec les princes de l'Empire), qui est un des plus curieux seigneurs de l'Allemagne et qui a amassé un cabinet très considérable, l'a attiré à luy pour avoir le soin de ce cabinet. Il m'a écrit luymême d'Arnstat qui est le lieu de résidence de ce seigneur... » Lettre du 11 octobre 1694. Revenant note 2 de la page 127 sur Morel et son séjour à Arnstadt, M. Caillemer annonce un ouvrage de M. Amiet ayant pour titre : « Der Münzforscher Andreas Morellius; Ein Lebensbild aus der Zeit der Bastille », paraissant à Berne en 1883.

(3) La nouvelle édition du *Specimen*, dont la première avait paru en 1683, nous l'avons vu, vit le jour à Leipsik, en 1695, in-8.

point de sortir de la presse (1), et je profiterai de la premiere occasion, qui se présentera de vous en adresser un exemplaire. Le meme libraire de Leipsig a dessein de rimprimer le livre du P. Noriz de *Epochis Syro-Macedonum*, et en a écrit à l'auteur, qui luy fait esperer des additions. Je crains que la vie agitée, qu'il est obligé de mener au lieu, où il est, et que la pourpre qui l'attend ou qui le regarde, ne luy donne d'autres attachemens (2). Que font à Paris nos medaillistes et autres savans ; et quand verrons nous l'Harmonie (3) et les Herodiades de

(1) « André Morel, nous apprend M. Caillemer (page 44, note 1), publia à Leipsig, en 1695, un *Specimen universæ rei nummariæ antiquæ*, petit in-8°. Ce ne fut que quarante ans plus tard que Sigebert Havercamp édita le *Thesaurus Morellianus*. Amsterdam, 1734, 2 vol. in-folio. » Nous avons vu la première édition en 1683.

(2) Nous ne voyons mentionnée effectivement, entre la deuxième édition, 1692, des *Epoques Syro-Macédoniennes* et celle de ses *Œuvres complètes* publiées de 1729 à 1745, aucune autre édition du livre du P. Noris.

On sait que le savant augustin Noris fut fait cardinal en 1695. Il faut voir sur lui, avant et après le cardinalat, l'ouvrage de M. le prince de Broglie que nous avons cité : *Mabillon*, etc., *passim*, et notamment le portrait si fidèle de Noris avant la pourpre et ses relations littéraires, t. I, p. 184-186.

Au moment où nous traçons cette note, nous trouvons dans la *Revue des questions historiques*, livraison d'octobre 1888, *Bulletin Bibliographique*, p. 655-68, le compte rendu critique où notre éminent érudit, M. Tamizey de Larroque, fait l'appréciation la plus juste de l'ouvrage du prince de Broglie.

(3) On sait que l'*Harmonie des Evangiles*, ce grand ouvrage auquel le savant Orléanais donna tous ses soins, ne parut qu'en 1707, après sa mort.

Il faut voir dans sa *Correspondance* conservée à la Bibliothèque nationale, *Nouvelles acquisitions françaises*, vol. 560 à 563, avec quel désir et quelle impatience était attendue cette *Harmonie* par les correspondants de Toinard, de celui que *La Monnoye*, dans une de ses lettres, appelle, en lui écrivant : « *le premier chronologiste de l'Europe* », lettre du 11 juin 1679, vol. 562, f. 2.

Mr Toinard (1), et l'Histoire orientale ou Persique de M[r] d'Herbelot (2). Le P. Hardouin est-il encor dans le dessein de donner sa Chronologie de l'Histoire Auguste(3), tirée des Médailles, qu'il a promis dans sa Diatribe *de Nummis Herodiadum*, et encore dans celle de *paschate*. Je voudrois que notre climat me fournit quelque matiere plus digne de vostre entretien et de votre curiosité.

Cependant ne m'en continuez pas moins, s'il vous plaist, lhonneur de votre souvenir et de vostre amitié, et faites moy la justice de croire que vous n'en favoriserez personne, qui soit plus veritablement que moy.

Monsieur,

Vostre tres humble et tres obeissant serviteur,

DE SPANHEIM.

(1) Les *Hérodiades* sont restées manuscrites, peut-être parmi les papiers de leur savant auteur dispersés, comme chacun sait, dans plusieurs bibliothèques.

Elles étaient pourtant attendues, avec non moins d'impatience que l'*Harmonie*, car nous relevo .s dans l'ouvrage de M. Caillemer, p. 108, lettre précisément de *Spanheim*, du 22 avril 1693 : ... M. Toinard ne devroit-il pas en prendre occasion de publier autant plus tost son Harmonie et toutes ses *belles remarques sur les Hérodes*, etc. »; p. 184 : lettre de *Bégon* du 5 février 1693 : « Il seroit à souhaitter que M. Toinard se pressat davantage qu'il ne faict de donner au public ce qu'il a faict sur la famille des Hérodes, estant persuadé qu'il se tirera mieux que personne de toutes les difficultés que les scavants ont agité sur ce subiet. »

(2) La Bibliothèque Orientale ou Dictionnaire universel, contenant tout ce qui fait connaître les peuples de l'Orient, fut publiée après la mort de *Dherbelot* (1625-1695), par Galland en 1697.

Spanheim dit à Nicaise (Caillemer, p. 111), lettre du 31 mars 1698 : « Je trouve d'ailleurs ici [Paris] à redire entre nos habiles et savants amis, l'excellent Mons. d'Herbelot, mais qui après tout nous a laissé un bel ouvrage, qui le rendra immortel dans le souvenir des gens de lettres. »

(3) Cette *Chronologie de l'Histoire Auguste* ne paraît pas avoir été publiée.

XV

(Pièce 103)

A Berlin, le 22 janv./1 fev. 1697.

Monsieur,

Il faut estre aussi obligeant et aussi prevenu que vous l'estes en mon endroit, pour ne vous pas rebutter de mon silence et de mon irrégularité à repondre aux cheres marques de l'honneur de vostre souvenir. Faites moy cependant la justice de croire que je ne laisse pas de les recevoir avec un plaisir extreme, et avec toute la considération deüe à vostre mérite et à votre affection envers moy. Aussi m'est ce une particulière consolation de voir, que ni le nombre des années, ni le grand eloignement n'en diminue point la force. Je le dois recueillir d'ailleurs de ce que l'envoy du Specimen de Mr Morel et de mes lettres jointes ne vous a pas déplu. Mr Leers, libraire de Rotterdam, vous doit avoir adressé depuis un exemplaire de mon Julien, que je luy ay envoyé à ce sujet, avec un autre pour notre illustre Evesque d'Avranche, et qu'il m'a mandé il y a déjà quatre ou cinq mois d'avoir bien reçeu et d'avoir donne bonne addresse à l'un et à l'autre. J'espère qu'il m'aura tenu parole, et que j'aprendrai un de ces jours par quelques lignes de votre part, que le livre vous aura este bien rendu. Vous aurez ver par là que ce n'est encore qu'un premier tome quoy qu'assez gros, mais qui contient tout le texte de Julien, celuy de S. Cyrille contre cet aposta, les notes du P. Petau sur le premier, et un échantillon des miennes. Je crois vous avoir déjà mandé que c'est malgré moy, et par pure complaisance pour le libraire, que ce premier tome paroist avant le second, et que j'aye pû achever tout l'ouvrage, et ainsi à remplir encore une assez longue carrière. Le mal est que je ne peus pas toujours disposer de mon temps, et qu'il ma falu degager la parole que j'avois donnée dans un endroit de mes notes sur la première oraison de Julien, qui est de donner un Traitté ou commentaire sur la Constitution Antonini imperatoris rapportée par Ulpien, *leg. XVII D. de statu Hominum* touchant le droit de bourgeoisie romaine donné à tous les habitans de l'Empire Romain (1). Ce qui m'a donné lieu d'examiner cette matiere avec un peu de soin, et apres ce que Sigonius en a ecrit, qui d'ailleurs ne s'y attache, qu'à ce qui regarde les temps de la Republique et non sous les Empereurs (2). J'en ay esté sollicité entr'autres d'Utrecht pour insérer ce petit Traitté dans l'un des tomes suivans du Thesaurus. Mais au lieu de vous entretenir de mes occupations littéraires, il vaut mieux vous temoigner le gré particulier avec lequel j'ay apris de vos lettres, l'édition qui se fait à Geneve de celles des Savans à feu M. de Perreisc (3) et de celle qu'on peut espérer des lettres œlites de ce rare personnage (4). C'est

(1) Orbis Romanus, seu ad Constitutionem imp. Antonini exercitationes duæ, 1697, in-4, et dans le tome XI des *Antiquités romaines* de Graevius.

(2) *Sigonio*, en latin *Sigonius* (1524-1584) a laissé trois traités sur ce sujet : *De antiquo jure civium Romanorum; de antiquo jure Italiæ; de antiquo jure provinciarum.*

(3) On sait qu'il était donné à notre siècle et à un de ses plus savants érudits, M. Tamizey de Larroque, de mettre au jour ces *Lettres*, par fascicules, sous le titre général : *Les Correspondants de Peiresc*. Le premier, *Dubernard*, aujourd'hui introuvable, a paru en 1879, et le plus récent, n° XIV, *Samuel Petit*, est de l'année dernière, 1887.

(4) M. Tamizey de Larroque, en regard des *Correspondants*, vient de nous donner le premier volume, *Lettres de Peiresc aux frères Du Puy*, 1888, *Collection des Documents inédits* de l'immense recueil des *Lettres* de Peiresc lui-même, des *lettres élites* de ce *rare* personnage, suivant les expressions de Spanheim, qui vont, nous en avons l'assurance, aller au plus profond du cœur du savant éditeur des trésors épistolaires du célèbre magistrat d'Aix au XVIIe siècle.

à quoy vous devez, s'il vous plaist, contribuër de toute votre force auprès de vostre ami, qui en est chargé, et l'assurer de l'entiere reconnoissance qu'il en doit attendre du public. Il faut espérer que le Glossarium Universale du Pere Thomassin (1) répondra à la beauté et à la dépense de l'impression ; quoy que je n'eusse pas sçeu jusques icy que ce fust là le fort de ce Pere, et qu'il y a bien des mesures à garder en ces sortes d'ouvrages, où il faut une connoissance plus que superficielle des langues, dont on traitte, un discernement exquis, et un jugement vuide de toute prevention ce qui me donne aussi plus de curiosité pour voir la Bibliotheque Orientale de votre defunt et savant ami M. d'Herbelot, qui avec la connoissance profonde de ces langues, avoit un sens fort droit et un jugement solide. On ne s'estoit pas attendu que le P. Sirmond eust travaillé sur le *Pomponius Mela* (2) et si l'ouvrage eust déjà paru, je doute fort qu'il eust échapé la critique outrée et peu decente de Mr Gronovius le fils qu'il fait paroistre dans ledition qu'il a donné l'an passé dud. Méla, et où a chaque pose il dit de grosses injures à feu Isaac Vossius, et le traitte de fol et d'ignorant. Mais c'est un genre d'écrire familier a ce personnage. A l'égard des Gordiens, il est difficile de prendre parti, avant que d'avoir veu les preuves des uns et des autres, et je ne sais quand nous aurons ce bonheur là. Je n'ay pas eu celuy non plus de voir le portrait de notre deffunt ami M. du Court (3). L'abbé Genest luy auroit fait sans doute honneur et à soy même d'estre

(1) Le *Glossarium universale hebraicum* ne parut qu'en 1697, le père Thomassin était mort en 1695.

(2) Voici ce que nous lisons, au sujet du Pomponius Mela du P. Sirmond, dans une lettre de *Thomassin de Mazaugues* à Nicaise (Caillemer, p. 180), du 13 août 1696 : « Vous ne m'avés rien dit sur ce que ie vous avois marqué que i'avois un commentaire sur Pomponius Mela du P. Sirmond assés ample, que i'en avois escrit à M. Anisson, qui ne m'avoit pas dit l'avoir ou ne l'avoir pas ».

(3) M. Caillemer, p. 49, rappelle que l'abbé Genest publia en 1696 un portrait de M. de Court.

entré la dessus en quelque détail. Je n'ay jamais veu plus de savoir, plus de modestie et plus de bon sens, joints ensemble dans une personne de l'âge dud. feu M. du Court. Pour notre M. Beger la premiere partie de son *Thesaurus* Brandinburgicus est publié dès l'esté passé, et l'autre suivra (1) dès que nous aurons reçeu les antiquités de feu Bellorius, que S. A. E. a fait achepter à Rome. Un curieux allemand venu frechement de Rome m'a fait savoir que M. Ciampini luy a remis 2 ou 3 ouvrages pour moy, que je n'ay pas encore reçeu. Je luy en suis d'autant plus obligé, que je n'ay pas l'avantage d'en estre connu. Le meme ami m'a aussi beaucoup rejoui de m'aprendre que M. le Cardinal Noriz se souvient de moy. On souhaitte avec passion qu'il degage sa parole touchant l'Histoire des Donatistes (2). Mais il est temps de finir en vous demandant la continuation de votre précieuse amitié, et l'assurance de croire que j'en ferai toujours une estime et une considération toute particuliere.

Je suis

Monsieur,

Votre tres humble et tres obeissant serviteur.

SPANHEIM.

(1) Cette seconde partie parut en 1699, et une troisième en 1701.

(2) Dans une lettre de l'abbé *Charles-Antoine de Gondi*, secrétaire d'Etat du grand-duc de Toscane, à Nicaise, Cerreto, 12 novembre 1694 (Caillemer, p. 126), nous lisons : « Vous avez cependant très bien fait de l'encourager [Noriz] de donner à l'Eglise son *Histoire des Donatistes*, et il se peut bien faire qu'il attende de s'en acquitter, pour lorsqu'il aura esté honoré du chapeau rouge ». M. Caillemer met ici la note suivante : « L'*Histoire des Donatistes* que Mabillon dit avoir vue, écrite de la main de Noris, lorsqu'il passa à Florence, mais qui n'a pas été retrouvée dans les papiers de Noris, a été composée par les éditeurs des œuvres posthumes du savant cardinal, à l'aide des matériaux « sans forme ni liaison » que l'abbé Noris, neveu du cardinal, leur communiqua. Voir Chaufepié, *Nouveau Dictionnaire historique*, v° Noris, p. 97 ».

(Au haut du f°.)

Si par hazard, Monsieur, vous estes en quelque commerce de lettres avec mons. l'Evesque d'Avranches, agreez que je vous demande la faveur de luy marquer que le libraire Leers s'est chargé depuis 9 ou 10 mois de luy faire tenir un exempl^re de mon Julien.

XVI

(Pièce 104)

A Berlin, le 25 juin 1697.

Monsieur,

Vous me ferez bien la justice de croire que je suis toujours fort sensible aux obligeantes marques de l'honneur de vostre souvenir. On y aprend en meme temps diverses choses curieuses que votre commerce avec les sçavans vous fournit de plus d'un endroit. Mais ce qui m'a donné beaucoup de déplaisir, c'est de voir que vous n'aviez point encore reçeû mon Julien, non plus que M^r l'Evesque d'Avranche celuy qui luy est destiné, et les seuls exemplaires que j'envoyois en France. M. Leers les a reçeu à Rotterdam dès le mois d'aoust de l'an passé; se chargea de vous les faire tenir a l'un et à l'autre, et me l'a encore confirmé depuis. En sorte que je ne puis comprendre ce qu'ils peuvent estre devenus. Ce qui m'en fâche le plus, regarde moins l'ouvrage en soy, que la part que j'y ay; et ainsi l'obligation qui m'en revient de vous donner à l'un et à l'autre cette foible marque de ma considération et de mon estime particuliere. Ce premier tome, et qui ne contient outre les ouvrages de Julien, de S. Cyrille contre cet apostat, et ce que d'autres ont remarqué sur Julien, que mes observations sur la primaire oraison de cet Empereur, a esté reçeu assez favorablement du public pour m'accourager a fournir cette carriere. Il est vray que sans parler de mes autres occupations, qui ont peu de rapport à celle là, j'ay esté engagé à travailler ces mois passés à un commentaire assez ample sur la célèbre Constitutio Antoniniana raportée par Ulpien Leg. XVII. D. de statu Hominum, *qua qui in Orbe Romano cives Romani sunt effecti.* J'avois eu occasion d'en toucher quelque chose sur ce qui est publié de Julien, et on a voulu que je degageasse ma parole, entr'autres pour le mettre à la teste d'un des Tomes *Thesauri antiquitatum Romanarum* imprimé par les soins de M[r] Grœvius. Ce qui m'a donné lieu à traitter cette matiere avec quelque exactitude et y entrer dans une recherche particuliere de la nature et de l'étenduë de ce droit *civitatis Romanæ*, et en conséquence de celle des loix Romaines, sous les Empereurs Romains, à quoy Sigonius ni autres qui ont ecrit de *civitate Romana* n'ont point touché. C'est là l'idée et le sujet de ce Traitté, que iay deja envoyé à Utrecht et non celuy marqué en une lettre et apparemment pour ne m'en estre pas bien expliqué dans mes précédentes, *de Rome sous les Empereurs enrichie de médailles.* Ceci pourra trouver aucunement sa place dans la nouvelle édition de mon ouvrage *Dissert. de Præst. et usu Num.* que je suis sollicité de longue main, et entr'autres par notre Mr Morel, de mettre au jour. Mrs Wetstein et Halma libraires se sont deja engagés d'eux memes à l'entreprendre et meme d'en vouloir faire un chef d'œuvre d'impression pour les caracteres, papier, gravure. Ce qui m'a déterminé à y travailler, et à la donner in-folio ; en sorte qu'elle sera augmentée non seulement d'un ouvrage retouché par tout et avec bien des additions, mais de quelques Dissertations nouvelles, et qui y manquoient jusques icy : en sorte qu'il puisse servir comme d'un commentaire general snr les médailles, et ainsi sur le grand ouvrage de M. Morel. Le tout autant que Dieu me continuera de santé et que j'en pourrai trouver de loisir (1). Le Callimaque doit enfin sortir au premier jour

(1) C'est l'édition qui parut à Londres en 1706, in-fol., car nous n'en voyons pas d'autre depuis l'édition de Paris en 1671, in-4.

de la presse d'Utrecht. M. Richard Bentley, scavant anglois et qui a fort travaillé à ramasser tous les Fragmens des anciens poëtes grecs, y a donné tous ceux de Callimaque avec une grande exactitude ; et ce qui a retardé l'édition de ce Poëte depuis plus d'une année en ça. J'avois fourni de mon costé plusieurs Fragmens oubliés dans l'édition de Mad[e] Dacier, et que j'avois marqué par occasion dans mon exemplaire (1). D'ailleurs j'ay reçeu ces jours passés le quatrième et sixième tome Thesauri Antiquitatum Romanarum, dont le premier contient plusieurs tailles douces nouvelles et fort curieuses. M. Gronovius a publié de son costé le premier Tome *Antiquitatum Græcarum*, qui, par la description qu'en donne un nouveau journaliste latin d'Utrecht, contient des Tailles douces gravées, prises du mien, bas reliefs et autres monumens antiques, avec l'explication jointe : et en quoy l'ordre des temps sera gardé. Tout cela ne pourra que faire revivre de plus en plus la belle antiquité. L'auteur qui s'y applique a du scavoir dans les lettres grecques, mais peu de genie pour débiter agréablement ce qu'il scait, d'ailleurs un acharnement terrible à attaquer tout le monde, et à farcir ses Ecrits d'injures, comme il a fait contre feu M. Vossius dans une nouvelle édition de Pompon. Mela. A l'égard du Cardinal

(1) Le Callimaque édité par Graevius parut à Utrecht en 1697, en 2 vol. in-8. Voici ce que Spanheim lui-même dit de cette édition et de son commentaire, à Nicaise, dans une lettre du 31 mars 1698 du recueil de M. Caillemer, p. 111-112 : « Je ne say si on vous a fait tenir de la part de Mons. Grævius un exemplaire du Callimaque, qu'il vous a destiné, comme il a fait aussi au grand Evesque susdit [Huet]. Je crains que vous ne trouviez l'un et l'autre que j'ay eu bien du loisir de reste de m'amuser à écrire un assez gros volume d'observations sur les Hymnes de ce Poëte. Je ne vous repeterai pas icy ce que je crois vous avoir déjà mandé, et que je le dis dans la préface, comme je m'y suis engagé insensiblement. Si j'en croyois cependant les savants de Hollande, d'Angleterre et d'Allemagne, je n'y aurois pas tout à fait perdu ma peine. »

Noris, je crains fort que sa nouvelle dignité et ses suites ne le détachent des occupations, qui luy ont fait honneur par le passé. Il est d'ailleurs prevenu qu'elle doit l'empêcher d'entretenir aucun commerce de lettres avec des Protestans. Ce qu'il a mandé à M. Magliabechi (1), en luy rendant compte d'avoir receu un Exemplaire de mon Julien, que je luy avois adressé, avec mes lettres, et en reconnoissance de ce qu'il m'avoit prevenu des siennes il y a quelques années, et fait part de son Traitté des *Epoches-Syro-Macedon*. Les cardinaux Francesco Barberin doyen du collège, et Sforza Pallavicino, n'estoient pas si scru-

(1) Il faut voir le portrait tracé de main de maître qu'a donné du savant bibliothécaire de Cosme III M. le prince de Broglie dans son ouvrage si souvent cité ici, t. I, p. 198-204 : cette esquisse est une des plus curieuses et des plus attachantes de l'ouvrage.

Maintenant si l'on veut en quelques mots une peinture contemporaine de cette figure si originale et de la passion de Magliabecchi pour la science, pour les livres, voici un extrait d'une lettre inédite (*a*) de l'abbé *Aleaume*, qui fut pénitencier de l'église d'Orléans et accompagna M. de Coislin à Rome lors de l'élection du pape Clément XI (1700), adressée à Toinard : « Nous avons veu M. Magliabecchi a Florence, qui nous a montré la Bibliothèque et toutes les curiositez du Grand Duc. C'est un homme tres honete, mais tres extraordinaire en même temps. Toute sa maison est remplie de livres depuis le seüil de sa porte iusques aux thuilles. L'escalier n'en est pas exempt, son lict en est tout couvert, et lorsqu'il se veut coucher il étend un matelat dessus sur lequel il se repose tout habillé quelques heures, quatre œufs durs le iour font toute sa nourriture, son argent est a mesme sa chambre sur ses livres nayant ny armoire ni coffre pour le serrer. Il nous a mene luy meme par tous les recoins de sa maison et instruit de toutes ces particularitéz, en un mot parmy les tableaux du Grand Duc il n'en est point de si original. » *Nouv. Acquis. francaises*, vol. 560.

(*a*) Cette note était rédigée et allait paraître, lorsque cette lettre vient d'être publiée par M. Ernest Jovy dans une intéressante brochure intitulée : *Etudes et recherches : I.— Guillaume Prousteau, fondateur de la bibliothèque publique d'Orléans et ses lettres inédites à Nicolas Thoynard*. Paris, librairie d'érudition, rue Saint-Jacques, 57, 1888 (*appendices*, p. 64).

puleux, qui m'ont fait lhonneur de m'ecrire plus d'une fois depuis mon depart de Rome, et dont il y en a memes d'imprimées dans le Recueil des lettres Italiennes de ce dernier cardinal (1); pour ne parler encore du feu Cardinal Leopoldo de Medicis (2).

Pour le jeune religieux Augustinien (3) que ledit cardinal Noris a attiré auprès de luy, il m'a envoyé le Traitté

(1) *Lettere:* Rome, 1668, in-8.

(2) Le cardinal *Léopold de Médicis* était fils du Grand-Duc de Toscane, *Cosme II;* né le 6 novembre 1617, créé cardinal en 1667 par le pape Clément IX, il mourut le 10 novembre *1672*, dans sa cinquante-neuvième année, et non en *1675*, ainsi qu'une faute d'impression dans le *Moréri* de 1759 a retardé cette mort jusqu'à cette date (nous ajouterons que cette erreur a passé dans la *Nouvelle Biographie générale*, t. 34, col. 692), suivant la judicieuse remarque de M. Tamizey de Larroque : *Lettres de Chapelain*, t. II, p. 798, note 1, sous une lettre à *M. le comte Graziani*, secrétaire d'Estat, etc., à Modène, datée de Paris le XXII novembre 1672, où nous trouvons ces lignes d'éloge funèbre du cardinal que nous ne saurions résister au désir de reproduire : « Monsieur, j'estois desja très persuadé des vertus royales de feu son Em^{ce} de Médicis parce qu'il y a plusieurs années que M. l'Evêque d'Angers [Henri Arnauld] m'en avoit rapporté avec toute sorte d'éloges pour avoir eu l'honneur de servir le Roy à Rome en sa compagnie aux temps les plus difficiles et où ce grand Prince avoit tesmoigné généreusement et utilement le zèle qu'il avoit pour les intérests de S. M. soit auprès du Pape et contre les violences de la faction espagnole. Vous m'avez confirmé dans l'avantageuse opinion que j'en avois par le détail que vous m'en avés mandé, ce qui m'a fait d'autant plus ressentir la perte que le Roy a faitte d'un ami de si grande naissance et de si grand mérite et celle que vous et sa glorieuse maison ont faitte d'un si puissant appuy ».

(3) Le P. Bonjour. Voy. plus loin, page .

NOTA. — Depuis ces mots : *Pour le jeune religieux*, jusqu'à la fin de la lettre, les feuillets du manuscrit ont été intervertis, mal collés, et nous avons eu assez de peine à rétablir l'ordre. Nous devons dire, bien que le sens nous semblât manquer, que la première idée de cette interposition nous a été donnée par M. Depret dont les connaissances et l'obligeance sont si souvent mises à contribution par les habitués de la salle des *Manuscrits*.

dont vous parlez en votre lettre et qu'il a publié à Rome, *de nomine patriarchæ Joseph*, etc. Ce n'est qu'un échantillon de plus grands ouvrages qu'il promet ; et il est d'âge et en lieu de les exécuter. Le Prélat Ciampini m'a envoyé son premier tome de Musivis operibus, que j'avois deja et l'autre de *Sacris ædificiis a Constantino extructis*. J'ay d'ailleurs une Dissertation nouvelle *de duobus sarcophagis* trouvés au Royaume de Naples (1), qu'on m'a envoyé de Leipsicg pour en avoir mon advis, et qui ne s'accorde pas entierement a ce qu'il en dit surtout à l'égard du baptesme *d'Agiluphus et de Theodelinda*, Roy et Reine de Lombardie, qu'il croit y estre gravés. Son II tome de Musivis doit estre sous la presse. Il seroit a souhaitter que les Inscriptions recueillies par M. Fabretti le fussent aussi et qu'il n'y eut point de scrupule aussi mal fondé, qui en arrête l'impression. Celles de Gudius qui pourront paroistre avant cela, luy en osteront en partie la gloire (2). J'espere que la Vie de M. de Saumaise, écritte par notre defunt ami M. de la Mare ne tardera pas a estre envoyée à M. Grævius, et a estre mise en lumière par ses soins. L'auteur me la communiqua à Paris, dans un voyage qu'il y fit en 1680, mais dans un temps, où j'estois attaqué d'une fièvre continue qui ne me donna gueres de loisir de la voir, comme je l'aurois souhaitté. Je me souviens cependant qu'il y touchoit en passant quelque démêlé qu'il y eut entre led. Saumaise et feu mon père, mais dont le premier avoit sans doute tout le tort, qu'il reconnut luy mesme avant le décès de mon père et depuis, et qui n'eut pas d'autre suite. Aussi je l'ay toujours regardé comme le héros de notre siècle en érudition, non comme celuy qui

(1) La Dissertation de Ciampini avait paru à Rome en 1697, in-4, sous ce titre : *Explicatio duorum Sarcophagorum sacrum baptismatis ritum indicantium*.

(2) Les *Inscriptions* de Fabretti parurent cette même année 1699, et nous avons vu, page 39, note 3, rappelons-le, que l'ouvrage de *Gudius* ne fut publié, à Leuwaerde, qu'en 1731.

a le plus écrit, mais qui scavoit le plus. A l'âge où j'estois de 15 à 16 ans, il voulut me confier l'édition des Epigrammes Grecs Anecdotes, qu'il avoit tirés des mss. de la Bibliothèque de Heidelberg (1) et avoit promis de publier des ces temps là, mais qu'il ne croyoit plus de saison dans sa vieillesse. Un démêlé qui survint par sa faute entre feu mon pere et luy me priva de l'honneur que j'en aurois tiré a cet âge là, et du secours qu'il m'y auroit donné. Le régal des lettres de luy et d'autres scavans à Mr de Peyresc, qui s'impriment à Geneve (2) ne pourra que m'estre tres considérable. Celles de Mr de Peyresc meme ne feront pas moins d'honneur au public (3). Je suis bien faché d'ail-

(1) Voici ce que nous relevons dans la longue liste donnée par Papillon, *Bibliothèque des auteurs de Bourgogne,* t. II, n° 7 des *Manuscrits* laissés par Saumaise : « *Anthologie copiée par Saumaise sur les manuscrits de la Bibliothèque Palatine.* Voy. la *Bibliothèque choisie* de Jean Le Clerc, t. VII, p. 210. Il y a plusieurs copies de cet ouvrage plus ou moins amples les unes que les autres. Clément (*de Laudibus et vita Salmasii* pag. LXVII,) vante fort celle qu'il a vue : *Infinitis locis auctior,* dit-il, *latina item interpretatione et luculentis annotationibus illustrata.* Voy. not. ad Trebell. Follionis Claudium, cap. V, t. II, p. 261, *ad Tertullian.* de Fallio, p. 262 et Scaliger, Epist. 245, p. 527 et seq. »

(2) M. Tamizey de Larroque, qui, nous l'avons vu plus haut, par ses savantes publications les *Correspondants de Peiresc,* remplit, après deux siècles, le vœu de Spanheim et de tous les érudits du XVIIe siècle, de la façon magistrale qu'on sait, veut bien nous apprendre que le projet dont parle notre érudit, « du régal des Lettres des savants de M. de Peyresc », avait été formé par *Thomassin de Mazaugues,* ce savant conseiller au Parlement de Provence (Aix 1647-1712) ami de Montfaucon. L'érudit correspondant de l'Institut nous ajoute « qu'il donnera force détails sur le projet *genevois* dans une *Notice sur les collections de Peiresc* »

(3) M. Tamizey de Larroque, parallèlement aux *Correspondants* de Peiresc, nous l'avons vu aussi, a commencé à publier dans la *Collection des Documents inédits* l'immense recueil des Lettres de Peiresc, lui-même : le premier volume, comme chacun sait, a paru au commencement de cette année 1888, *Lettres de Peiresc aux frères Dupuy,* Imp. Nat.

leurs de n'avoir pas receu la Dissertation des 4 Gordiens, que vous avez eu la bonté de m'adresser (1). Il faut que je tâche d'en recouvrer une autre par quelque endroit. Je ne scay si la Bibliothèque orientale de notre defunt ami M. dHerbelot paroit (2) déjà : en ce cas là je prendrai mes mesures pour l'avoir. Que fait nostre illustre Evesque d'Avranches, et le public ne se prévaudra-t-il pas de quelque nouvelle et scavante production de sa part? Je vous prie de l'assurer par occasion de mes services tres humbles, Je suis avec zele et vérité,

Monsieur,

Vostre tres humble et tres obeissant serviteur.

DE SPANHEIM.

Ce 28 juin 1697.

(1) *L'abbé Dubos* (Beauvais 1670-Paris 1742), avait publié en 1695 une *Histoire des quatre Gordiens prouvée et illustrée par les médailles*, Paris, in-12, vivement attendue alors des érudits, témoin ce mot de *Cuper* dans une lettre à *l'abbé Nicaise* (Caillemer, p. 348) de Deventer 16/26 Iul. 1695 : « J'attends avec une *grandissime* (*a*) impatience la Dissertation sur les Gordiens. »

Sur la Discussion au sujet des *trois* ou des *quatre* Gordiens, voy. Caillemer, *passim*.

(2) *Barthélemy d'Herbelot*, professeur de syriaque au Collège de France, né à Paris le 4 décembre 1625, mort dans la même ville le 8 décembre 1695. *La Bibliothèque orientale ou dictionnaire universel contenant tout ce qui fait connaître les peuples de l'Orient*, fut publiée par Galland à Paris, en 1697, in-fol.

(*a*) Le mot *grandissime* figure dans le *Lexique de la langue de Chapelain*, qu'établit avec tant de science et de clarté M. l'abbé Fabre, auteur des *Ennemis de Chapelain* (Paris, Thorin, 1888, in-8), en ce moment, dans le *Bulletin du Bibliophile* (voy. la livraison *d'août-septembre 1888*, p. 369), d'après les *lettres* publiées par M. Tamizey de Larroque.

XVII

(Pièce 105)

A Berlin, le 19-29 octobre 1697.

Monsieur,

Il n'y a rien de plus obligeant, que votre procédé en mon endroit, et de plus irregulier que le mien. J'ay receu depuis peu deux de vos cheres lettres par l'adresse de Mons. Leibniz, et dont la derniere estoit sans date. Elles m'aprenent toujours beaucoup de choses curieuses, et un précis agréable de votre commerce avec les savans de France et d'Italie. Si on en croit les gazettes publiques, la Chronologie du V. T. du P. Hardouin *e nummis antiquis illustrata,* a eu le meme sort que son livre *de Nummis Herodiadum.* Il est assez etrange et presque incomprehensible que ce bon Pere ne puisse se défaire d'un entestement aveugle pour des paradoxes inouis, et que la presomption fasse autant de tort à son esprit et à son jugement. Quant au Religieux Augustinien presentement à Rome, le P. Bonjour, il s'est avisé de m'envoyer par un savant allemand de ces quartiers, sa Dissertation du nom du Patriarche Joseph (1) et *de Tempore Isiorum et Serapiorum Romae.* Il y raporte entr'autres la médaille grecque ΘΕΟΥ ΠΑΝΟΣ, que vous avez publiée en votre Dissertation de Nummo Pantheo, que vous m'avez fait lhonneur de m'adresser, et qui a aussi esté illustrée par Mrs Rigord et Graverol. Ce

(1) *Dissertatio de nomine patriarchæ Josephi a Pharaone imposito,* Rome, 1696, in-4°.

Nous lisons dans une lettre de Graevius à Nicaise, publiée par M. Caillemer (p. 176) de *la veille des calendes d'avril 1698 :* « Bonjurii diatribe de Josepho ad nos quoque spero, perferetur, nunc pacato mari cupio illam videre, quia de Serapidis cultu semper aliter sensi. »

Pere pretend que la teste represente Osiris, et non pas Isis, et le revers une demi lune sur un trepied avec quelques bandelettes. Aussi y-a-t-il quelque difference dans la graveure de cette médaille d'avec la votre. Il faut esperer que l'ouvrage qu'il promet sur la Chronologie de l'Ecriture (1) aura une destinée plus heureuse que celle du P. Hardouin. La conformité des anciens Samaritains avec le texte Hebreu a deja esté alleguée par d'autres pour une des preuves contre celles des LXX, ses recherches d'ailleurs sur les antiquités assyriennes et egyptiennes ne pourront que luy faire beaucoup dhonneur, s'il exécute ce qu'il en promet (2). Mons. l'Evesque d'Avranche a bien raison de vous mander que le P. Kircher s'est bien trompé au sujet de ces dernieres dans son Prodromus copticus. C'estoit un bon homme crédule, d'un jugement fort médiocre et qui avoit quelque usage des langues orientales, sans aucun fonds de littérature. En sorte qu'il n'en donnoit à garder qu'apres estre trompé le premier. Je l'ay veu et frequenté souvent à Rome, et le trouuois bien au dessous de la reputation qu'il avoit sur tout en Allemagne (3). L'Anglois Marsham s'est trop laissé entester de son hypo-

(1) Nous ne voyons nulle part mentionnée cette *Chronologie de l'Ecriture*. Il n'y est fait aucune allusion dans les lettres publiées par M. Caillemer, où figure cependant plusieurs fois le nom du savant augustin. Mais il a laissé : *De computo ecclesiastico*, etc., 1702.

(2) *Exercitatio in monumenta coptica seu ægyptiaca bibliothecæ Vaticanæ*, Rome, 1699, in-4.

(3) A côté de ce portrait peu flatté du P. Kircher, tracé pourtant par un Allemand, mettons cette note en trois mots de M. Valéry, *Correspondance de Mabillon et de Montfaucon avec l'Italie*, Paris, Labitte, 1846, t. VIII, p. 110, note 1 : China monumentis, etc... illustrata ; un des ouvrages estimé du « *savant, laborieux*, mais *très chimérique* père Kircher. »

Il faut consulter aussi sur le savant jésuite d'intéressantes pages de M. Jules Dukas, dans la *Notice complémentaire* sur *Salomon Azubi* (fascicule IX des *Correspondants de Peiresc*, p. 17-19.)

thèse au sujet des Antiquités et Dynasties Egyptiennes, et de bastir des fondemens sur des avances peu prouvées (1). Mais je touche ceci a bastons rompus, et au milieu de bien des distractions, qui ne me (sic) gueres de loisir d'y refléchir. C'est que la Paix n'a pas été plutost signée a la Haye que S. A. E. résolut, lorsque j'y songeois le moins, de me renvoyer en France, pour en faire les congratulations deües au Roy T. C. Quoy que mon age, et meme le poste assez honorable que j'occupe icy, me deussent dispenser de ce nouvel envoy, il a falu m'y confirmer aux ordres du maistre et aux autres agrémens qui s'y trouveront joints. On s'est flatté icy, et peut estre sans beaucoup de fondement, que ce choix ne pouvoit tomber sur personne de ses ministres par deça, qui pust estre plus propre à s'aquitter de ce devoir, par ses habitudes passées en la cour de France et a retablir la bonne intelligence avec la notre, interrompue durant le cours de la guerre passée. J'avoe aussi sans peine que comme c'est mon 4me employ en France et le dernier qui y a esté d'assez longue durée, j'aurois eu plus de répugnance à accepter une pareille commission quelque humble qu'on me la rendist pour toute autre cour, ou séjour que celuy de Paris. On veut que je me haste et ainsi que je me treuve prest à partir dans quinze jours environ. Comme c'est pour y faire quelque séjour, ma femme et le seul enfant que Dieu m'a donné seront de la partie. Pour ma bibliothèque, qui a même augmenté considérablement depuis mon départ de France, je la laisse icy. Croyez, Monsieur, qu'une de mes joyes est de m'aprocher de vous, et d'espérer que ce voisinage me donnera encore lieu, Dieu aidant, d'avoir lhon-

(1) Spanheim suit naturellement les théologiens *protestants* qui ont attaqué, comme le fait remarquer la *Nouvelle Biographie générale*, le système de Marsham, notamment Wagenseil pour les *soixante-dix semaines de Daniel*, système en général adopté cependant par des autorités telles que Bossuet, Newton et Le Clerc.

neur de vous voir et de vous embrasser. Je vous suplie de le croire et que je suis avec vérité,

Monsieur,

Vostre tres humble et tres obeissant serviteur.

SPANHEIM.

P.-S. — Le Callimaque est en fin publié à Utrecht en 2 in-8 assez gros. Le 2 tome ne contient que mes observations sur les Hymnes et en petit caractere. Si M. Grevius ne vous en a envoyé un exemplaire j'y suppléerai.

XVIII

(Pièce 106)

A Paris, le 10 décembre 1698.

Monsieur,

Un voyage que je viens de faire à la cour de Lorraine, par ordre de son Alt. Elect. mon maistre, pour y faire les complimens sur le rétablissement de ce Prince dans ses Estats (1), et sur son mariage avec Mademoiselle (2), m'a privé de la satisfaction de vous entretenir depuis quelque temps. Me voilà, Dieu mercy, en estat de le reprendre et de le continuer avec le meme plaisir que j'ay toujours fait. Vous croyez bien dailleurs, que je ne vous dirai rien de nouveau en matiere de lettres, du lieu d'où je viens. Je n'ay pas grand'chose non plus à vous en mander de ces quartiers, ayant eu peu de commerce depuis quelque temps avec les personnes, qui m'en auroient pû aprendre. Vous

(1) Léopold Ier de Lorraine fut établi, par le traité de Ryswich (1697), dans les États de Charles IV, tels que celui-ci les possédait en 1670, sauf Sarrelouis et Longwy.

(2) *Elisabeth d'Orléans* morte en 1744 et dont il eut quatorze enfants, dont quatre seulement survécurent.

jugez bien par là, que je n'ay pas encore eu l'avantage de voir nostre illustre Prélat, Mons. Huet, depuis quil doit estre arrivé par deça. Mais j'espere que je ne tarderai pas à m'en prévaloir. Je n'ay rien veu d'ailleurs de nouveau et de curieux par deça en matiere de livres, que l'Histoire de l'Académie Royale des Sciences que M. du Hamel vient de nous donner en latin, et qui contient beaucoup d'observations très-curieuses, outre ce qui en avoit deja esté publié dans un volume in-folio (1). J'ay receu en fin d'Utrech par la voye de M. Anisson le VII et VIII Tome des Antiquites Romaines de nostre cher Mons. Graevius, et le 2 et 3 tome des Antiquités grecques de Gronovius, qui n'ont rien de fort nouveau ni dailleurs de remarquable pour les explications, qu'il y a jointes, et qui d'ailleurs dans le 3me tome a inséré quantité de statues romaines pour grossir le volume, qui n'ont aucun rapport avec les Antiquités grecques. Je viens à la Vie de feu Mons. de Saumaise. Comme il y a deja assez long temps que je l'ay parcourue et que j'y ay fait quelques remarques, dont je vous ay écrit, j'en avois déjà fait cachepter le paquet avant mon voyage de Lorraine, pour le faire delivrer à celuy qui le viendroit prendre céans, de la part de M. de la Mare, suivant qu'il m'avoit écrit d'en vouloir donner ordre. Cependant le paquet se trouve encore icy, sans que personne le soit venu demander en son nom. Je vous prie, Monsieur, de le luy faire scavoir, afin qu'il ait la bonté d'y pourvoir et que le retard que le public en pourroit souffrir, ne me soit point imputé. Apres tout je crois qu'un petit delay, a retoucher les mss. sur les remarques faites à Dijon, qui m'ont paru presque toutes assez essentielles, et

(1) Ainsi que le rappelle M. Tamizey de Larroque, *Lettres de Chapelain*, t. II, p. 456, note 1, il faut consulter sur *J.-B. Du Hamel*, qui fut secrétaire de l'Académie des Sciences, l'*Essai de Bibliographie oratorienne* du R. P. Ingold, Paris, 1880, p. 41-44. Voy. au surplus les nombreuses mentions de Du Hamel dans les *Lettres de Chapelain* et les notes de l'érudit éditeur.

s'il m'est permis d'ajouter, à celles que j'y ay jointes, ne luy feront point de tort, je veus dire ni à la mémoire du grand personnage, dont il y est question, ni à l'auteur qui luy a voulu faire honneur, et qui s'en est fait beaucoup a luy meme, en se chargeant de ce soin là. J'ajouterai icy avant que finir, quil y a quelque temps qu'un gentilhomme de vos quartiers et de vos amis Mons. de Mornay du Percey m'honora de sa visite. Il me parut non seulement fort honnete et obligeant en mon endroit, mais dailleurs fort cu.ieux et instruit de bien des choses, et entr'autres de livres et de l'histoire littéraire. Nous tombames de là sur les discours des vins de Bourgogne, et sur quoy il eut la bonté de m'offrir de m'en envoyer les prix des meilleurs, s'entend des vins nouveaux et dès que ceux là seroient réglés. C'est ce qu'il a eu la bonté de faire depuis peu, et en me donnant en même temps des marques d'un souvenir très obligeant. Je dois vous en tenir compte, comme estant bien informé de l'amitié dont vous m'honorez. Aussi croyez que personne n'y est plus sensible que moy, et n'est avec plus de vérité que je le suis,

Monsieur,

Vostre tres humble et tres obeissant serviteur.

DE SPANHEIM.

XIX

(Pièce 107.)

A Paris, le 4 may 1699.

Monsieur,

En vérité, je ne sçay par où commencer la présente, après toute la confusion que jay du long temps que jay apporté à vous donner de mes nouvelles, et vous rendre compte de la réception de trois ou quatre des vostres, qui m'ont esté renduës en des temps différens. Il y a bien eu de la fatalité dans mon fait d'en avoir esté empéché par des distractions impreveuës, aussi souvent que j'ay voulu prendre la plume à la main pour m'aquitter d'un si juste devoir. C'est à vous maintenant, Monsieur, d'y suppléer avec vostre bonté et indulgence ordinaire en mon endroit, et d'ailleurs avec la ferme persuasion que c'est sans la moindre diminution de mon costé, de la considération particulière que je fais de l'honneur de vostre chère et précieuse amitié. Aussi je prends sur moy de reparer aucunement ma faute, en revenant le premier à la recharge. J'ay esté bien aise cependant de recueillir ce que M. Pinson (1) prit la peine de me dire, il n'y a que deux jours de vostre part que vos indispositions avoient, Dieu mercy, du relâche. J'espère que cela sera de durée, comme je le souhaite avec passion.

Au reste, pour repasser sur ce qui me ressouvient de vos lettres, je vous dirai, en premier lieu, que je ne doute pas que M. le conseiller de la Mare n'ait bien receu le paquet de la Vie de M. de Saumaise, avec mes Remarques, que je remis il y a déja quelques mois a celuy qui avoit charge par deça de sa part de le retirer. Je serai bien aise d'aprendre ce qu'il aura jugé de la liberté qu'il m'avoit donnée et que feu Monsieur son père n'avoit pas désagréée, et m'en avoit mêmes recherché, je veux dire de marquer ce que je croirois scavoir estre changé ou retouché. Apres tout, il en est le maistre; et je ne souhaitterois pas que cela nous differat long temps l'édition de cette belle vie et l'envoy que j'en dois faire à M. Grevius.

(1) Sur cet ami de Nicaise et de Spanheim, voy. l'ouvrage de M. Caillemer, qui fait observer qu'il ne peut être question de François Pinsson, l'auteur du *Manuale juris pontificii*, mort en 1691, mais probablement (p. 186, *lettre* de Bégon du 2 août 1695) de *Pinsson de Riolles*, fils de François Pinsson. M. Caillemer ajoute : *Pinsson de Riolles, avocat au parlement de Paris, était,* dit Bayle, « *homme de mérite, fort connu des savans et l'un des plus officieux amis que l'on puisse voir. Il travaillait, entre autres choses, à la vie des professeurs de Bourges.* »

En ce cas-là, on n'auroit qu'à me la renvoyer icy, puisqu'il y a frequemment de bonnes et de seures commoditês de luy adresser des paquets par des passagers qui vont et viennent.

Je suis bien glorieux du témoignage avantageux que vous et vos sçavans par delà donnent à mes observations sur Callimaque (1). J'en ay dit la pure vérité dans la préface, et qui est connuë de M. Grevius, que c'est un ouvrage qui m'est né sous la plume sans y avoir jamais songé, qu'à l'occasion de l'édition que son defunt fils en faisoit à Utrecht, et d'ailleurs en mesme temps que le *Julien* estoit sous la presse. Il est vray que, sans me flatter pour cela de tou[illegible] bien que vous m'en dites, que j'ay la satisfaction de voi[illegible] que cet ouvrage a esté par tout bien receu et beaucoup au delà de mon attente, entr'autres en Angleterre, et par les éloges qu'on en a déja rendu publics. J'ay déja une bonne partie de la matière preste pour le second tome de mes observ[illegible]tions sur Julien. Mais je suis tenté de faire marcher devant la nouvelle édition toute refondue et augmentée de nouvelles dissertations de mon ouvrage de *Præst. et Usu numism.* Il a esté trop bien receu du public pour ne me donner pas lieu a le mettre dans tout le jour que je puis luy donner. *Halma*, libraire d'Utrecht, qui a donné de fort belles éditions, s'est engagé il y a quelque temps de donner celle-cy in-folio, et d'en vouloir memes faire un chef-d'œuvre pour la beauté de l'impression et pour les figures. Dailleurs

(1) Il ne nous semble pas inutile de reproduire ici le jugement en quelques lignes que porte Spanheim des *Hymnes* du poète grec dans une lettre à Nicaise également du volume de M. Caillemer, du 22 avril 1693, p 110 : « ... la matière de ces Hymnes, qui sont pleines d'esprit et de savoir, et qui embrassent une partie de la mythologie ancienne et quantité de belles choses qui s'y trouvent peu connues ou éclaircies jusques icy, m'ont donné quelque plaisir à les démêler, et à corriger et à illustrer par mesme moyen, divers passages des auteurs anciens. »

M. Anisson sait qu'il le peut et de luy meme a bien voulu s'offrir obligeamment de l'imprimer. Ce qui ne pourroit que m'estre bien plus commode, si mon séjour dure quelque temps par deça et que Dieu m'y conserve ma santé. Ce même Halma doit avoir présentement publié les IXe et X^e tomes Antiquitatum romanarum et qui, peu de temps après, devoient être suivis des XIe et XIIe tomes, qui seront les deux derniers, et à la teste de l'un desquels il y aura le Traitté de mes deux *Exercitations* sur la loy celebre d'Ulpien *qui ex Constitution. Antonini Imp. omnes qui sunt in orbe romana cives Romani sunt effecti* (1). Cette matière me parut assez belle et assez curieuse pour la traiter à fond, et sur tout ce qui regarde la nature et l'étenduë de ce droit sous les empereurs romains. Cela est déjà imprimé il y a quelque temps à Utrecht, mais non pas encore publié. J'oubliais de dire pour ce qui me regarde que, sans faire lhomme important, je neus jamais moins de temps ni de loisir de ma vie, à en donner aux lettres et à quelque application d'ouvrage que depuis mon présent séjour et employ a Paris. A quoy beaucoup de choses ont concouru et concourent encore.

M. Anisson me dit avant-hier que le second tome de Saint-Jérome va bien tost paroistre. Grégoire de Tours est déja publié depuis quelques jours, dont le P. Ruynart, benedictin a donné une nouvelle édition, mais que je n'ay pas encore eu loisir de voir. Ces Pères veulent aussi en donner une de Gregoire le Grand, sur quoy est venu assez à propos que M. Wetstein (2) m'ecrit de Hollande d'avoir un Grégoire le Grand avec des variæ lectiones, corrections, emendations d'un bout à l'autre de la main

(1) Le tome XI, paru à Utrecht en 1699.

(2) « *Jean Henri Wetstein*, dit M. Caillemer, p. 132, note 2, né le 25 mars 1649, mort le 4 avril 1726. La librairie qu'il fonda à Amsterdam a publié d'excellentes éditions des auteurs anciens et modernes. »

de feu M. Daniel Blondel, et qu'il estime un thrésor (1). J'en ay parlé à M. Anisson, et à M. Morel qui, avec d'autres libraires, veut se charger de la nouvelle édition de ce grand pape. Il y a depuis peu une nouvelle *Harmonie* sur les Evangélistes (2), avec un *Apparatus* du P. Lamy, et imprimée par M. Anisson.

Mais j'aurois presque oublié de vous renvoyer la lettre de M. labbé de Charmoy ou P. Pezron (3), qui a esté veue par M. l'Evesque d'Avranche (4). Il trouve comme moy que c'est un grand dessein, et dont il faudra voir les preuves. D'ailleurs, comme il semble que la connoissance des langues orientales est particulièrement requise pour desmeler tout cela à fonds, ce qui estoit un des forts de M. Bochart, je me rapporte si cet abbé en est également fourni. Mais ceci entre nous, s'il vous plaist et sans que je veuille rien diminuer par la de son merite et de son sçavoir, ni de la curiosité de ses recherches. Le papier mobligе a finir, avec les assurances bien sinceres du zele et de la verité avec laquelle je suis,

Monsieur,

Vostre tres humble et obeissant serviteur.

SPANHEIM.

(1) Il faut consulter sur *David Blondel,* théologien protestant et historien français (Châlons-sur-Marne, 1591-Amsterdam, 1655), l'étude du regretté comte Edouard de Barthélemy : *Claude d'Ereuse; David Blondel et Perrot d'Ablanc urt,* Paris, 1855, in-8.

(2) C'est le *Commentarius in Harmoniam Evangelicam,* 1699, 2 vol. in-4.— *L'Harmonia, sive Concordia quatuor Evangelistarum,* avait paru en 1689, in-12.

(3) Il est plusieurs fois question du P. Paul Pezron, abbé de *La Charmoye,* dans les lettres publiées par M. Caillemer. Dans une des lettres de Leibniz, 16 juin 1699, nous lisons, p. 75 : « Je vous remercie fort, Monsieur, de la copie de la lettre de M. l'abbé de La Charmoye. Son dessein d'éclaircir l'histoire fabuleuse pour en tirer la vérité est difficile, mais d'autant plus grand et plus beau. »

(4) V. ce que nous disons plus loin, page 69, note 2, au sujet de la dernière publication relative à Huet, de M. Pelissier.

XX

PIÈCE 108.

A Paris, le 10 de septembre 1699.

Monsieur,

J'avoue que mon commerce est fort irrégulier, et que je m'en aquitte jusques icy assez mal en vostre endroit. Je vous prie cependant de croire que ce n'est pas pour manquer de toute la considération que je dois, et à vostre mérite et a l'honneur de vostre chere amitié, et à l'estime particulière que j'en fais.

Je n'ay rien apris jusques icy de M. de la Mare touchant la vie de M. de Saumaise et depuis le longtemps qu'il y a que le l'ay renvoyée. Il importe cependant pour lhonneur et la memoire de feu M. son Père et de ce grand homme, son heros, qu'elle voye enfin le jour, et je ne manquerai pas d'occasion de la faire tenir seurement à M. Grevius dès que je l'aurai receue.

J'ay eu des lettres de M. Grevius de temps en temps par des passagers, qui ont esté accompagnées de quelques livres imprimés en ce pays-là, comme *du Phedre Marquardi Gudii, et des Venusinæ lectiones Jani Rutgersii.* Ses Oraisons de Cicéron en VI tomes in-8° sont en fin publiées (1), dédiées à Monseigneur le duc de Bourgogne, comme les Epistres l'estoient à Monseigneur le Daufin. Je souhaitte qu'il en soit aussi bien récompensé qu'il le fut de celles par les soins du feu duc de Montausier, et où j'eus alors quelque part, pour en solliciter l'exécution auprès de ce seigneur, qui m'honoroit de son amitié.

On a publié à Oxfort en 2 tomes in-8°, Les petits Géopraphes anciens, et où on y a joint des Dissertations

(1) *Amsterdam,* 1699.

de Dodwell où il n'est pas trouvé du même advis et des remarques sur le Scylax que Gronovius à Leyden qui la publié le dernier. Sur quoy on mande de Hollande que ce dernier se prépare d'écrire un livre contre ledit Dodwell, et lequel, suivant le caractère de l'auteur, sera plein d'invectives (1). Je remercie toujours Dieu, entre les graces qu'il m'a faites, de m'avoir donné autant d'éloignement pour les écrits contentieux et indignes des gens de lettres.

Notre sçavant evesque, M. Huet, nous a quitté dès le printemps passé, après avoir résigné son evesché et eu une bonne abbaye (2) en place, et au voisinage de celle

(1) *Appendix ad geographiam antiquam qua continetur examen Dissertationis Dodwellianæ de Scylacis ætate*; Leyde, 1699, in-4.

Le caractère *batailleur* de Jacques Gronovius le faisait marcher de dispute en dispute et les invectives, comme le dit Spanheim, étaient trop dans le caractère de l'auteur pour que l'*Appendix* en fût exempt.

Sur la querelle de Gronovius avec *Fabretti* voyez de bien intéressantes pages de l'ouvrage si souvent cité du prince de Broglie, t. II, p. 32-34.

(2) « Huet, nous dit M. Caillemer, p. 74, note 3, se démit de son évêché en avril 1699. Il reçut comme dédommagement l'abbaye de *Fontenay*, sur les bords de l'Orne, à quelques kilomètres de sa ville natale [Caen]; mais, suivant son expression, il y fut inondé d'une pluie de procès, qui le dégoûta de son nouveau titre et il résolut de vivre complètement à Paris chez les Jésuites de la rue Saint-Antoine. »

Il avait reçu très peu de temps après son installation à Fontenay la visite du grand *Mabillon* qui dans ses célèbres voyages visitait alors la Normandie, 1700. M. le Prince de Broglie (op. cit., t. II, p. 322), reproduit en le traduisant le passage des *Mémoires* de Huet où le grand érudit raconte cette visite (*Huetii* de rebus ad eum pertinentibus commentarius, liv. V, p. 373) : « Lorsque je venais de m'installer dans mon abbaye de Fontenay, Jean Mabillon, bénédictin, vint en ce lieu, non pas tant pour me voir que pour fouiller les archives et les anciennes chartes de l'abbaye, et y trouver des matériaux pour l'Histoire de l'Ordre de Saint-Benoît, qu'il s'était proposé d'écrire. J'aurais bien voulu garder quelques

qu'il avoit déjà (1). Il partit d'icy pour les eaux de Bourbon, et pour se rendre de là en Normandie (2), donner

jours cet homme que je connaissais intimement depuis plusieurs années, si versé dans l'histoire ecclésiastique, et que ses longues études de la *Diplomatique* et des vieux parchemins avaient rendu le plus savant et le plus habile critique de son siècle. Il n'était pas éloigné de faire une halte chez moi, mais les affaires de son Ordre le rappelaient en toute hâte à Paris. »

(1) L'abbaye d'*Aunay* aussi sur les bords de l'Orne.

(2) *Roland François de Kerhoen de Coettenfau*, 29 nov. 1699-oct. 1719. (Annuaire de la Société de l'Histoire de France, 1849, p. 101.)

M. Léon G. Pelissier, l'érudit qui nous a déjà fait connaître tant de lettres précieuses conservées dans les Bibliothèques d'Italie (v. notam. les *Amis d'Holstenius*), en en doublant le prix par son annotation, vient de publier, dans la livraison d'août-septembre 1888 du *Bulletin du Bibliophile*, dans un curieux article intitulé : *A travers les papiers de Huet*, des extraits fort intéressants, lettres et poésies, de cette précieuse collection de l'évêque d'Avranches conservée à la *Laurentienne*, à Florence. Parmi eux se trouve précisément une *Epitre à son successeur*. Nous croyons devoir la reproduire en souscrivant à ces mots de M. Pelissier qui précèdent les poésies : « Ces vers...... ne suffiront pas à faire passer Huet pour un grand poète. Mais il était poète, et ses vers, où il y a toujours de l'esprit, de la grâce, du naturel ou de la raison, méritent de demeurer parmi celles de ses œuvres qui lui ont survécu. »

« EPITRE A SON SUCCESSEUR.

Successeur désigné de mon gouvernement,
Qui n'en jouirez pas encor si promptement,
Je ne suis pas d'avis de recheoir pour vous plaire,
Si vous vous en fâchez je n'y saurai que faire
Le soin de mon salut m'y défend de penser,
Et vous auriez grand tort de vous en offenser.
Où serait-il escrit qu'il ne fust pas loisible
De se porter fort bien lorsqu'il nous est possible ?
Qu'ai-je fait en cela qui choque la raison ?
Se guérir est-ce un crime ? est-ce une trahison ?
M'avez-vous seulement daigné faire connaître
Qu'il vous fût important que je cessasse d'estre ?

ordre à la résignation de son Evesché à son successeur et y rester apparemment toute l'année (1).

Je regrette beaucoup la mort du P. Pagi (2), que

Et, moi, suis-je devin de ma profession
Pour savoir vos desseins sur ma succession ?
Ainsi, c'est votre faute, et ne puis l'avoir faite,
Si par cas fortuit je n'eusse été prophète,
Or, comme vous savez et connaissez très bien,
C'est ou ni peu ni point ; je n'escris jamais rien...
[. . . . .]
Qu'aussitôt sa venue, il se donne la peine
D'aller diligemment se faire ouvrir la veine
Avec un ferrement. (..............)
Tel qu'à son pédagogue on dit que fist Néron,
Quand d'une ardeur pareille à celle qui vous mène,
Il voulut qu'il pérît pour avoir son domaine.
S'il fait l'acariastre et qu'en dépit de vous
Il s'obstine à garder sa vie et ses bijoux
Comme de soi cet ordre est assez dur à suivre.
(.....) lui savoir tres mauvais gré de vivre
Et par dedans le cœur s'en consumer d'ennui
Ainsi qu'à mon esgard vous faites aujourd'hui.
(. . . . .)

(1) Le P. Antoine Pagi était mort à Aix le 5 juin 1699. Voici ce que dit, à propos de cette mort, le docte *Cuper* à Nicaise dans une lettre du 1 juillet 1699, publiée par M. Caillemer. Ce portrait, quoique fait à un point de vue personnel, n'en fait pas moins connaître le caractère du savant Cordelier : « ..... La mort du célèbre P. Pagi me touche sensiblement ; c'est une perte inestimable pour la République des Lettres, et je ne connais personne qui se soit appliqué avec tant d'érudition et avec tant de soin à illustrer et corriger les Annales de Baronius. J'y perd avec cela un de mes meilleurs amis, qui m'estimoit, qui approuvoit fort souvent mes pensées, qui les corrigeoit avec une douceur et une complaisance incroiable, et enfin j'y perd non vitæ meæ, comme parle Pline le jeune (marium enim et montium fluviorumque divortiis sumus divisi), sed studiorum meorum testem, rectorem et magistrum ; et qui avec cela ne prennoit jamais en mauvaise part, si je défendois mon sentiment. »

(2) On sait que Pagi avait terminé en manuscrit son grand ouvrage pour rectifier les erreurs chronologiques de Baronius, inti-

vos lettres m'ont aprise. Il entendoit bien la matière dont il a écrit, et avoit avec cela de la modestie et de la candeur. J'espere que la suite de ses ouvrages contre Baronius n'en verra pas moins le jour,

Le P. Ruynart nous a donné depuis peu de mois une nouvelle édition de Grégoire de Tours (1) et le second tome de Saint-Jérome procuré par un pere de la même Congrégation voit aussi le jour (2). Le P. Hardouin a sous la presse du Louvre le premier tome de sa collection des conciles, où il joindra des dissertations de sa façon. Il me vint voir il y a quelque temps, me régala de son *Seculum Constinianeum* et depuis en a fait autant du specimen II, *Chronologiæ*, vel t. 2, *e nummis restitutus*. Il est fâcheux que des remarques assez belles qui s'y trouvent soient accompagnées de tant d'autres si paradoxiques (3) et qui roulent sur son pretendu système de la supposition de la pluspart des anciens docteurs grecs et latins, profanes ou ecclésiastiques.

Je suis fâché du démêlé que vous avez, à ce que vos dernières m'apprennent, avec M. Anisson, sachant en effet combien vous m'avez parlé autrefois de luy à son avan-

tulé : *Critica historico-chronologica in annales ecclesiasticos Baronii.* Paris, 1689, in-fol. La fin de ce grand ouvrage fut publiée à Genève dans une nouvelle édition, 1724, 4 vol. in-fol.

(1) La belle édition de Grégoire de Tours et Frédégaire parut en 1699, à Paris, in-fol.

(2) *Le P. Martianay* (1647-1717). Puisque nous écrivons le nom du père *Martianay*, rappelons l'intéressante et, comme toujours, si érudite publication de M. Tamizey de Larroque : *Lettres inédites de Dom Jean Martianay*, publiées d'après les originaux de la Bibliothèque Nationale, Paris, Aubry ; Bordeaux, Lefebvre (Auch, imp. Foix), 1873, gr. in-8 de 32 p. (*Extrait de la Revue de Gascogne.*)

(3) *Paradoxique* pour *paradoxal*. LACURNE DE SAINTE-PALAYE ne cite que *Cotgrave* comme emploi de ce mot. Ajoutons-y celui de Spanheim, pour la seconde moitié du XVIIe siècle.

tage. Je veux esperer qu'il reviendra à luy, et aura regret le premier du procédé qu'il tient presentement avec vous. Il se veut charger, et sans que je l'en aye parlé jusques icy ni veu depuis assez long temps, de l'édition d'un mien ouurage, qu'un de mes bons et sçavans amis et qui est intime de M. Grœvius, nommé M. Cramer, a tiré de mon cabinet, pour le publier. C'est une Dissertation que je fis ici à Paris il y a onze ans passé, à la prière de M. Menage, sur quelques regles de la tragédie ancienne, et entr'autres de celles d'Eschyle sur lesquelles il luy plut alors de me consulter, et dont il a tiré quelques petits Extraits dans sa Dissertation, publiée depuis en Hollande sur *l'Heautontimouromenos* de Terence (1), et la vieille querelle là-dessus avec feu l'abbé d'Aubignac (2).

(1) Le *Discours* de Ménage, déjà imprimé à part, figure dans ses *Miscellan.* 1652, in-4.

(2) Sur *l'abbé d'Aubignac* et ses théories dramatiques au XVIIe s. il faut consulter les *Lettres de Chapelain*, les notes de M. Tamizey de Larroque sous ces lettres, l'ouvrage si intéressant de M. *l'abbé* FABRE : *les Ennemis de Chapelain* (rédigé d'après les *Lettres*) où la querelle de l'abbé d'Aubignac avec Ménage est si bien tracée p. 369-387, et surtout l'ouvrage tout récent et spécial (1888) de M. CHARLES ARNAUD, les *Théories dramatiques au XVIIe siècle*. Etude sur la vie et les œuvres de l'abbé d'Aubignac (Paris, Picard, grand in-8.) M. Tamizey de Larroque termine ainsi son compte rendu de l'ouvrage de M. Arnaud dans la *Revue Critique*, n° du 22 octobre 1888 : M. Arnaud a pu se rendre cette justice « qu'il n'a fait ni une satire ni un panégyrique en essayant de faire revivre un homme qui fut quelque chose dans notre grand XVIIe siècle ». A l'occasion de cet ouvrage, nous ne saurions passer sous silence la spirituelle *Chronique théatrale*, pleine d'idées nouvelles, de M. Emile Faguet dans le journal le *Soleil* du lundi 3 septembre 1888.

Enfin nous sommes à même de citer au sujet de *l'abbé d'Aubignac* un jugement tout récent et plein d'autorité, celui de M. Crouslé à son cours de la Sorbonne. 2e leçon de 1887-88 : *Revue de l'histoire de la critique avant le XIXe siècle* (analyse publiée par l'*Instruction publique*, n° du 14 janvier 1888 : « .... Ces variations du goût ont donné lieu à bien des discussions, sous les formes

Il y estoit parlé par occasion des Festes de Bacchus à Athènes, durant lesquelles on representoit sur ce fameux theatre les pieces dramatiques, qui ont serui de modele ou devoient servir à ceux qui s'y sont depuis attaché. Ce qui me donna lieu a traitter assez a fonds cette matiere dans une seconde Dissertation, qui estoit encore *indigeste* dans mes Ecrits. Je la mets au net à la priere de l'ami sus mentionné, qui en a parlé à M. Anisson, et qui en veut faire l'impression. Cela me donna lieu en traittant de ces *Dyonisia Attica* dont Mursius avoit promis un Traitté dans son livre de Festis Græcorum, qui n'a point veu le jour, d'y parler nécessairement de l'année et des mois attiques et de ne m'y trouver pas toujours d'accord avec ce que Gaza (1), Scaliger (2), le P. Petau (3) et Sam. Petit (4) en ont écrit. Louvrage est en Francois, estant fait

les plus diverses. Tantôt ç'a été de gros livres, comme la *Pratique du théâtre* de l'abbé d'Aubignac, homme instruit, ami des gens de lettres, esprit moins étroit et plus raisonneur qu'on ne le croit généralement ; trop ami quelquefois, ou plutôt trop valet des grands. Témoin cette phrase : « Pour le regard (*Pratique du théâtre*, livre II) des sujets de l'histoire ou de la fable, le poète se peut excuser, s'il est obligé d'y conserver certaines circonstances, ou par quelque grand seigneur, ou par quelque autre raison particulière. » C'est clair : le bon goût, le génie, la règle disent ceci ; le grand seigneur dit cela ; faisons ce que dit le grand seigneur. »

(1) *Gaza*, περὶ Μηνῶν ou *de Mensibus* imp. par Alde Manuce avec sa grammaire grecque, Venise, 1495.

(2) *De Emendatione temporum*.

(3) *De doctrina temporum*, et *Rationarium temporum*.

(4) Dans son ouvrage capital : *Leges Atticæ*, Paris, 1635, in-fol. Sur *Samuel Petit*, (1594-1643), *ses œuvres* et sa *bibliothèque*, il faut voir la savante publication de M. Tamizey de Larroque : Les Correspondants de Peiresc, XIV, *Samuel Petit*, lettres inédites (1630-1637), avec notice biographique par M. Georges Maurin, Nimes, imp. Chastanier, 1887. La notice de M. Maurin, rédigée d'après de précieux documents inédits, notamment les *archives du Consistoire de Nimes*, et les notes comme toujours si érudites de M. Tamizey de Larroque, mettent parfaitement en lumière l'intéressante figure de Samuel Petit, ce savant orientaliste nimois.

a l'occasion que iay dite cy-dessus. Mais il ne mérite pas que je m'y estende autant que j'ay fait

Je ne vous dis rien sur le sujet de vostre voisin, M. de Perley (?) et, au fond, il n'y avoit aucune obligation à m'envoyer du vin d'Aubigny. Comme le vin de votre province et entr'autres de vos bons vins de Nuys et de Baulne doit estre excellent cette année et en quantité, je souhaitterois bien de sçavoir par qui en vos quartiers j'en pourrois faire quelque petite emplette.....

Je suis avec passion, Monsieur, vostre tres humble et tres obeissant serviteur,

DE SPANHEIM.

XXI.

(pièce 110.)

A Paris, le 20 octobre 1690.

Monsieur,

Je dois réponse à 3 de vos lettres, dont il vous a plû de m'honorer depuis mes dernières, et dont j'ay receu les deux premieres durant mon séjour de Fontainebleau à la suite de la cour, à sçavoir celles du 20 septembre et 8 octobre et la dernière du 15 du courant, il n'y a que deux jours et depuis mon retour à Paris.

[Suivent des détails sur les vins de Bourgogne de l'année.]

... J'ay fait un sejour de 4 semaines à Fontainebleau à la suite de la Cour, et, par conséquent, autant de temps perdu pour les livres. J'ay receu à mon retour une lettre de M. Grævius, avec celle incluse pour vous, qui vous dira de ses nouvelles et de celles des lettres de ces quartiers-là. Il me mande d'avoir envoyé à Rouen ses Oraisons de Cicéron dédiées au duc de Bourgogne, et dans un Ballot adressé à M. le duc de Beauvilliers, qui est deja informé et a agréé cette dédicace. Il faut espérer qu'elle luy produira quelque honnete reconnoissance, et il la mérite.

Je suis bien étonné du procédé deshonneste de M. Anisson en vostre endroit. En vérité, il a grand tort d'en user ainsi avec vous, me souvenant de toute la chaleur et de l'estime que vous me marquiez pour luy dés mon employ passé. Il y a assez long temps que je ne l'ay point veu et entr'autres depuis l'information qu'il vous a pleu de me donner de cette malhonneste conduite envers vous. Quand je le verrai, je ne pourrai m'empecher de luy en témoigner mon étonnement, bien que d'ailleurs j'aye encore peu d'habitude avec luy. L'an passé il me porta une lettre céans du libraire d'Utrecht, Halma, qui s'est offert, il y a déjà plus de 2 ans a faire un chef-d'œuvre d'impression de la nouvelle édition in-folio de mon ouvrage de *Usu et præstantia numist.* Comme il m'en parloit dans sa lettre, et que j'en touchai quelque chose audit sieur Anisson, qui me la portoit, il s'offrit d'abord de luy meme à faire lad[e] impression, et que cela me seroit plus commode. Ce qui demeura là sans que je l'acceptasse ni la refusasse. Il s'estoit encore offert d'imprimer mes deux Dissertations françoises sur les Festes de Bacchus et le Théâtre d'Athènes, mais je le trouve dur sur les conditions, ce n'est pas moi qui m'en suis meslé (1). Ce n'est pas au reste M. Dodwell qui nous doit donner, à ce que je vois, les Antiquités de Perse; car il se mesle plutost de ce qui regarde les matières chronologiques, greques ou romaines (2). Je croirois que ce seroit plutost M. Hyde le Bibliotheque Oxfort, sçavant en la langue persique, et qui a déjà publié quelques ouvrages sur l'Histoire Persique (3). Mais je devois avoir

(1) Ces deux Dissertations ne paraissent pas avoir vu le jour.

(2) Nous avons vu plus haut, p.   et note   , sa querelle avec Gronovius le fils.

(3) *Hyde*, le savant conservateur de la *Bodléienne*, publia l'année suivante, 1700 : *Histo.ia Religionis veterum Persarum, necnon eorum Magorum liber Sad-der, Soroastris præcepta, seu religionis canones continens, e persico latine versus, cum appendice, Oxford, in-4 fig.* C'est son principal ouvrage.

commencer (*sic*) cette lettre en vous tesmoignant combien je compatis à vos maux de gravelles et souhaitte de tout mon cœur que vous en puissiez estre soulagé. Je suis toujours avec zele et passion,

Monsieur,

Vostre tres humble et tres obeissant serviteur.

SPANHEIM.

XXII

(Pièce 111)

A Paris, le 12 de janv. 1701.

Monsieur,

J'aurois bien des excuses à vous faire et memes du pardon à vous demander d'un aussi long et opiniastre silence. Car bien qu'il soit vray, que depuis que je me vois dans les employs publics et sur tout en France, je n'en aye jamais eu moins de loisir, que depuis quelques mois en ça, cela ne me satisfait pas, et ne paroissoit pas suffisant, pour me disculper auprès de vous. Dailleurs il faut que jaye l'honneur de vous dire que mon séjour par deça et au bout de trois ans de ce present employ tire vers sa fin, et que j'attens incessamment les ordres pour ce sujet. Je ne puis pas certainement répondre si avant que de retourner à Berlin, je ne serai point obligé par les mêmes ordres a faire encore quelque autre corvée, et à quoy les conjonctures publiques et assez importantes peuvent donner lieu; bien que mon age m'y deut rendre assez inutile et condamner au repos. Il est vray que ma santé, par la grace de Dieu, se trouvant encore plus vigoureuse qu'on ne devoit attendre du nombre des années, et l'approbation si j'ose dire du maistre que i'ay lhonneur de servir,. plus grande que ie ne pouvois même m'attendre contribuent également à ne me laisser pas maistre de mon sort. J'aurai l'honneur de vous advertir du temps précis de mon départ et de ce qui le suivra dès qu'il sera reglé. On ne peut d'ailleurs avoir plus de sujet que j'en ay de me louer de toute la considération que iay le bonheur de rencontrer jusques icy, du costé de cette cour, et malgré les conjonctures assez delicates et assez importantes qui s'y sont rencontrées depuis quelque temps.

Je vous envoye enfin la réponse cy-jointe de la Société de Londres, et ce que mon neveu m'avoit ecrit en me l'envoyant, sur le sujet de vostre statue Hetrusque. Il y a déjà quelque temps que je l'ay, et j'avouë à ma confusion que vous pouriez l'avoir déjà reçeu il y a près de deux mois. Après tout il n'y a pas de quoy en tirer jusques icy beaucoup de lumière, pour l'explication de ces mêmes caractères : et tout cela meritera plus de decouverte et une attention particulière pour attraper des vestiges ou une notice un peu fondée de cette ancienne langue Hetrusque tout ce qu'on en a dit jusques icy ne se trouvant fondé que sur de pures conjectures (1).

J'ay envoyé à nostre cher Monsr Cuper la dissertation latine de M. Galand, qu'il a voulu traduire luy même de la Françoise, et m'a fait tenir à ce sujet. Je crois qu'il l'aura receue assez a temps, pour en augmenter la nou-

(1) Deux cents ans plus tard, c'est-à-dire en plein XIXe siècle, si fécond pourtant en découvertes paléographiques, la science, sur ce point, ne devait pas faire un grand progrès, car, comme le dit M. Victor Duruy (*Hist. des Romains*, édition Hachette illustrée, 1879-1885), *Introduction*, p. LV, en parlant des Inscriptions qui couvrent les monuments et les tombeaux, « tout cela est muet, et la science moderne, frappée d'impuissance, n'a su interpréter encore qu'une vingtaine de mots de la langue étrusque ».

Si Spanheim a eu le rare privilège de vivre dans le grand siècle, nous regrettons pour lui qu'il n'ait pu connaître les pages magistrales consacrées à ce mystérieux peuple étrusque par le savant auteur de cette magnifique *Histoire des Romains* qui restera un des plus beaux monuments élevés à la science historique à notre époque.

velle édition de son livre touchant les Gordiens (1). Il y a long temps que je n'ay rien eu de M[r] Grœvius. Monsieur Perizonius qui est à Leyden m'a fait tenir son Elien (2), c'est à dire *variæ historiæ*, dont il donne une nouvelle édition avec des notes amples et scavantes, et qui encherissent beaucoup sur celles qu'on avoit déjà de Schefferus, Tan. Faber, et Kuhnius de Strasbourg. Mr Dacier va donner de nouvelles pieces traduites de Platon, outre que M. Anisson rimprime celles qui estoient déjà publiées ; et Mad. Dacier travaille toujours sur l'Iliade d'Homere (3). On doit voir aussi au premier jour une nouvelle version d'une partie des Oraisons de Demosthene.

Pour ce qui me regarde il y a déjà quelques mois qu'il me fallu faire toute autre chose que continuer quelques ouvrages, que j'avois sous la main, et qui estoient assez avancés, entr'autres un en François, dont je crois vous

(1) *Lettre touchant l'histoire des quatre Gordiens prouvée par les médailles* ; Caen, 1696. in-12. Nous ne voyons pas d'autre édition signalée.

On sait que dans cette Dissertation, le savant traducteur bien connu des *Mille et une nuits* combat la thèse, généralement condamnée, de *l'abbé Dubos* qu'il y a eu non pas seulement *trois Gordiens*, mais quatre. L'ouvrage de Dubos avait paru l'année précédente 1695, à Paris, in-12 ; nous l'avons vu, page 56, note 1.

(2) L'édition de la *Cl. Æliani Sophistæ varia Historia* parut à Leyde en 1701, 2 vol. in-8. « Elle mit aux prises, dit M. Caillemer, p. 134, note 1, l'éditeur d'une part avec Gronovius, d'autre part avec Leclerc, et la mauvaise humeur de Perizonius se manifesta si bien qu'elle motiva l'intervention des curateurs de Leyde. »

(3) Madame Dacier publia sa traduction de l'*Iliade* en 1711. Sur la querelle qui suivit son apparition, il faut lire les pages éloquentes et savantes de Sainte-Beuve (*Causeries du lundi*, t. X) dans l'étude que le grand critique a consacrée à cette femme helléniste, digne, pour emprunter l'inimitable langage de l'auteur, « d'une haute estime, d'un profond respect... sauf par moments le léger et indispensable sourire, que, sous peine de n'être plus français, nous devons mêler à toutes choses. »

avoir écrit, sur les Festes de Bacchus à Athenes, et les spectacles des pièces dramatiques sur tout des Tragiques, et avec quelque critique joint sur les anciens Triumvirs de la Tragédie. Dailleurs j'avois dessein de donner avant toutes choses une nouvelle édition, in-4° plus anple et plus correcte, de mes deux Exercitationes *ad Constitutionem Imp. Antonini de qua Ulp. leg. XVI. D. de statu Hominum* qui sont publiées à la suite du XI tome Antiquitatum Romanarum publiées par les soins de Mons. Grevius (1). La matière m'a paru [assez] noble assez belle et même assez nouvelle pour ce qui regarde l'estat juris civium Romanorum sous les Empereurs et son étenduë dans l'Empire Romain. Ce qui donne lieu à l'illustration et à l'éclaircissement de plusieurs loix. Mais comme j'ay eu l'honneur de vous dire, il ma plu mettre à quartier malgré moy tous ces sortes d'amusemens, et Dieu scait, quand j'aurai le temps de les reprendre.

Que deviendra enfin la Vie de Mons. de Saumaise? Je suis toujours d'avis, comme l'a esté aussi Mons. d'Avranches qu'il vaut mieux l'avoir telle qu'elle est, et avec les changemens qu'on y a déjà faits, que d'en estre privé, et qu'elle ne fera point de déshonneur ni à celuy qui la faite ni à celuy qui en fait le sujet. Et comme il se pourroit que mon départ d'icy fut suivi de mon passage en Hollande, je prendrois à faveur d'en pouvoir estre le porteur.

Je me suis pourveu des meilleurs vins de votre province de la dernière vendange, par la faveur de mon ancien correspondant là dessus M. Courtot. Il est vray qu'il se trouvent plus chers et moins bons que ceux de l'année passée; mais dont il n'est pas responsable, et ne luy en suis pas moins obligé. Parmi ceux là j'ay du Volney, qui se trouve

(1) Paru en 1699.

tres bon. Je vous demande la continuation de votre chere et précieuse amitié, malgré toute mon irrégularité à vous marquer à quel prix je la mets, et la verité constante, avec laquelle je suis,

Monsieur,

Vostre tres humble et tres obeissant serviteur.

Spanheim.

www.ingramcontent.com/pod-product-compliance
Lightning Source LLC
LaVergne TN
LVHW020437230826
846091LV00004B/1532

* 9 7 8 2 0 1 6 1 8 1 9 5 9 *